※本書は2016年発行の『江戸・東京 札所めぐり 御朱印を求めて歩く巡礼ルートガイド』を元に加筆・修正を行い、書名・装丁を変更して新たに発行したものです。

この本の使いかた

境内の案内です。時期と場合によっては拝観できないところもありますので、ご了承下さい。

主に本堂や札所本尊が祀られているところを御紹介しています。

山号寺号・宗派を記しています。

札所番号です。坂東三十三観音。御府内八十八ヶ所・関東三十六不動霊場の札所になっているお寺もあります。

第3番

大観音寺（おおかんのんじ）

聖観音宗

本尊は頭部のみの像 人形町なので人形供養でも知られる寺

源頼朝が鎌倉幕府を開いた際、北条政子は、鎌倉に鉄観音像（鉄造の聖観音像）を本尊とする新清水寺を創建したといわれています。その後、火災により新清水寺が消失し、本尊は井戸の中に安置されました。大観音寺は、鎌倉の「鉄ノ井」から発見されたその鉄観音像を、本尊としています。

この尊像は鋳鉄製の総高一七〇センチメートル、面幅五四センチメートル。都指定有形文化財に指定され、毎月一七日と平成二三年の震災での奇瑞以降は、一一日も開扉し、月二回の御縁日には、直接お参りできます。

鉄観音堂は鶴岡八幡宮の別当であったため、明治政府の廃仏毀釈令の標的にされ、観音像は由比ヶ浜に投棄されました。これを人形町の住人、石田可村・山本卯助が回収し、現在の地に勧進し奉祀しました。

MAP P10 ▲堂内には本尊の聖観世音菩薩や阿弥陀如来が祀られています。

▲街中にひっそりとたたずむ大観音寺。

▶韋駄天堂は、ランナーの聖地です。

▲茶吉尼天尊は通称「お稲荷さん」。開運と商売繁盛の尊天です。

ワンモアポイント
人形町駅から歩いてすぐ。スカイツリーも眺められ、人形町を紹介する地図もいただけるので、周辺を散策してみてはいかが。

●所在地 東京都中央区日本橋人形町1-18-9
●電話 03-3667-7989
●アクセス 都営地下鉄浅草線人形町駅A2出口より徒歩1分。水天宮方面に歩くと道路右側にある。
●駐車場 なし
●拝観時間 終日開放（御朱印は10:00〜16:00）
●拝観料 無料

■開基 石田可村・山本卯助
■本尊 聖観世音菩薩
■創建 1876年（明治9年）

―ご詠歌―
くろがねの
かたきちかひに
み仏は
はなさくがごと
ちまたにぞたつ

❶江戸三十三観音札所第三番
❷聖観世音（しょうかんぜおん）
❸梵字サの印
❹大観音
❺人形町大観音

21　20

地図が掲載されているページを記しています。

お寺の歴史やいいつたえ、ゆかりの人物などについてまとめました。

ご朱印について

同じお寺でも札所霊場によってご朱印が異なります

❶奉拝・俗称の墨蹟と朱印
❷本尊名
❸印
❹寺号(山号)
❺寺院の印

お寺の基本的な情報です。駐車場は時季により変動することが多いので、なるべく公共機関を利用してお出かけください。

ご詠歌

江戸三十三観音のご詠歌です。

お寺について、事前に知っておくとよいことなどを記しました。

開山・開基・本尊・創建を記しました。不明のものもあります。

＊本書に掲載のすべての寺院より、掲載の許可をいただいています。残念ですが、都合により、掲載できないお寺がありました。
＊掲載されている情報は2024年7月現在のものです。予告なく変更されることもありますのでご了承下さい。

昭和新撰
江戸三十三観音

昭和新撰江戸三十三観音めぐりMAP I

6日で34カ所めぐるコース

1日目 ❶ 浅草寺 ▶ ❷ 清水寺 ▶ ❻ 清水観音堂 ▶ ❺ 大安楽寺 ▶ ❸ 大観音寺 ▶ ❹ 回向院

2日目 ❼ 心城院 ▶ ⓫ 圓乗寺 ▶ ㉓ 大円寺 ▶ ❿ 浄心寺 ▶ ❽ 清林寺 ▶ ❾ 定泉寺

3日目 ⓬ 傳通院 ▶ ⓭ 護国寺 ▶ ⓮ 金乗院 ▶ ⓯ 放生寺 ▶ ⓰ 安養寺

4日目 ⓲ 真成院 ▶ ⓱ 寶福寺 ▶ ⓳ 東円寺

5日目 ㉑ 増上寺 ▶ ㉘ 金地院 ▶ ⓴ 天徳寺 ▶ 番 海雲寺 ▶ ㉛ 品川寺 ▶ ㉚ 一心寺 ▶ ㉙ 高野山東京別院 ▶ ㉗ 道往寺 ▶ ㉕ 魚籃寺 ▶ ㉖ 済海寺

6日目 ㉒ 長谷寺 ▶ ㉔ 梅窓院 ▶ ㉜ 世田谷観音寺 ▶ ㉝ 瀧泉寺

9 東光山 定泉寺 P.32
8 東梅山 清林寺 P.30
23 金龍山 大円寺 P.60
11 南縁山 圓乗寺 P.36
10 湯嶋山 常光院 浄心寺 P.34
12 無量山 傳通院 P.38
7 柳井堂 心城院 P.28
N
200m
西日暮里駅
日暮里駅
千駄木駅
本駒込駅
白山駅
東大前駅
根津駅
春日駅
後楽園駅
本郷三丁目駅
湯島駅
末広町駅
山手線
都営三田線
東京メトロ南北線
東京メトロ千代田線
駒込病院
第九中
千駄木小
文林中
第一日暮里小
道灌山下
吉祥寺前
ローソン
コンビニ
セブン
駒本小前
駒本小
団子坂上
団子坂下
第八中
谷中小
東洋大
向丘2
白山上
京華高
向丘高
日本医大
根津神社北口
千駄木2
上野桜木
向丘1
コンビニ
日本医大前
白山下
根津小
上野高
根津1
指ヶ谷小入口
指ヶ谷小
白山2
本郷弥生
西片2
柳町小
東大正門前
東大
グルメシティ
東大病院
西片
不忍池
礫川小
こんにゃくえんま前
不忍池西
伝通院前
富坂上
池之端1
コンビニ
ローソン
天神下
第三中
春日町
本郷小
本郷消防署前
湯島天神入口
教育センター前
本富士警察署前
本郷台中
後楽園駅前
牛天神下
湯島中坂上
湯島中坂
東京ドーム
壱岐坂下
消防署前通り
湯島2
三組坂上
本郷2

昭和新撰江戸三十三観音めぐりMAPⅡ

東池袋駅
東池袋
四丁目駅
新大塚駅
大塚病院
⑬ 神齢山 護国寺 P.40
南池袋小
都電
雑司ヶ谷駅
南池袋PA
東京メトロ有楽町線
大塚小
千石3
東邦音楽短大
都電荒川線
雑司ヶ谷霊園
コープ
豊島岡墓地
大塚3
大塚4
筑波大
附属小
青柳小
坂下通り入口
筑波大
附属小入口
鬼子母神前駅
日本大豊山高
護国寺前
郵便局
護国寺西
コンビニ
筑波大
セブン
護国寺IC
護国寺駅
大塚1
お茶の水
女子大
東京メトロ丸の内線
セブン
高田1
学習院下駅
日本女子大
大塚警察署
首都高速5号池袋線
大塚警察署前
高南小
目白台2
日本
女子大前
茗荷谷駅
筑波大附属高
拓殖大
日本女子大
附豊明小
目白台3
目白台
図書館
目白台
運動公園
文京福祉センター前
⑭ 神霊山 慈眼寺 金乗院 P.42
面影橋駅
小日向台町小
都電早稲田駅
目白坂下
神田川
関口台町小
戸塚第一小
早稲田駅
早稲田大
図書館
大日坂下
江戸川橋
鶴巻町
華水橋
区立五中前
一休橋入口
江戸川橋駅
早稲田大
西早稲田
石切橋
西江戸川橋
早稲田
鶴巻町西
鶴巻小前
山吹高前
山吹町
水道町
早稲田高
早稲田
鶴巻町東
江戸川小
学習院女子校
馬場下町
⑯ 醫光山 安養寺 P.46
早稲田駅
早稲田大
地下鉄
早稲田駅前
東京メトロ東西線
弁天町
牛込天神町
コンビニ
戸山公園
牛込第二中
牛込保健センター
神楽坂駅
国立医療
センター
⑮ 光松山 放生寺 P.44
りそな銀行
神楽坂上
国立国際
医療センター東
国立医療
センター前
セブン
牛込神楽坂駅
若松町
牛込第一中
原町3
市谷柳町
市谷小
都営大江戸線
牛込北町
N
200m
若松河田駅
牛込柳町駅
市谷小前
日本女子医大
成城高

昭和新撰江戸三十三観音めぐりMAPⅢ

N
200m
品川駅
品川駅前
グランド
プリンスホテル
新港南橋
港南3
ソニー
港南小
港南2
東京
海洋大前
東京海洋大
港南小前
港南4
港南大橋
東詰
東京入管前
京浜運河
首都高速1号羽田線
楽水橋
天王洲
銀河劇場
御殿山
小前
八ツ山橋
新八ツ山橋
御殿山
交番前
30 豊盛山 一心寺 P.74
北品川駅
天王洲アイル駅
天王洲橋
天王洲アイル
山手線
東海道新幹線
北品川
台場小
天王洲アイル駅
新東海橋
天王洲
公園
品川火力
発電所
居木橋
北品川3
聖蹟公園
城南中
東海道
北品川
りんかい線
北品川2
昭和橋
子供の森
公園
新馬場駅
品川図書館
城南
第二小
東品川3
南品川4
品川
警察署前
大井火力
発電所
京急本線
城南小
31 海照山 普門院 品川寺 P.76
東京総合
車両センター
浅間台小
八潮高
東海中
南品川5
北埠頭橋
技術専門校
大井IC
東海道本線
品川特別
支援学校
八潮高校
入口
品川
シーサイド駅
大井PA
青物横丁駅
首都高速湾岸線
八潮橋北
品川エトワール
女子校
大井町
駅前
ゼームズ
坂上
鮫洲
公園前
南品川3
八潮橋
大井町駅
大井JCT
産業技術高
鮫洲駅
東京モノレール
立会小
番 龍吟山 海雲寺 P.82
大井三ツ又
大井
消防署前
明晴学園

昭和新撰江戸三十三観音めぐりMAPⅣ

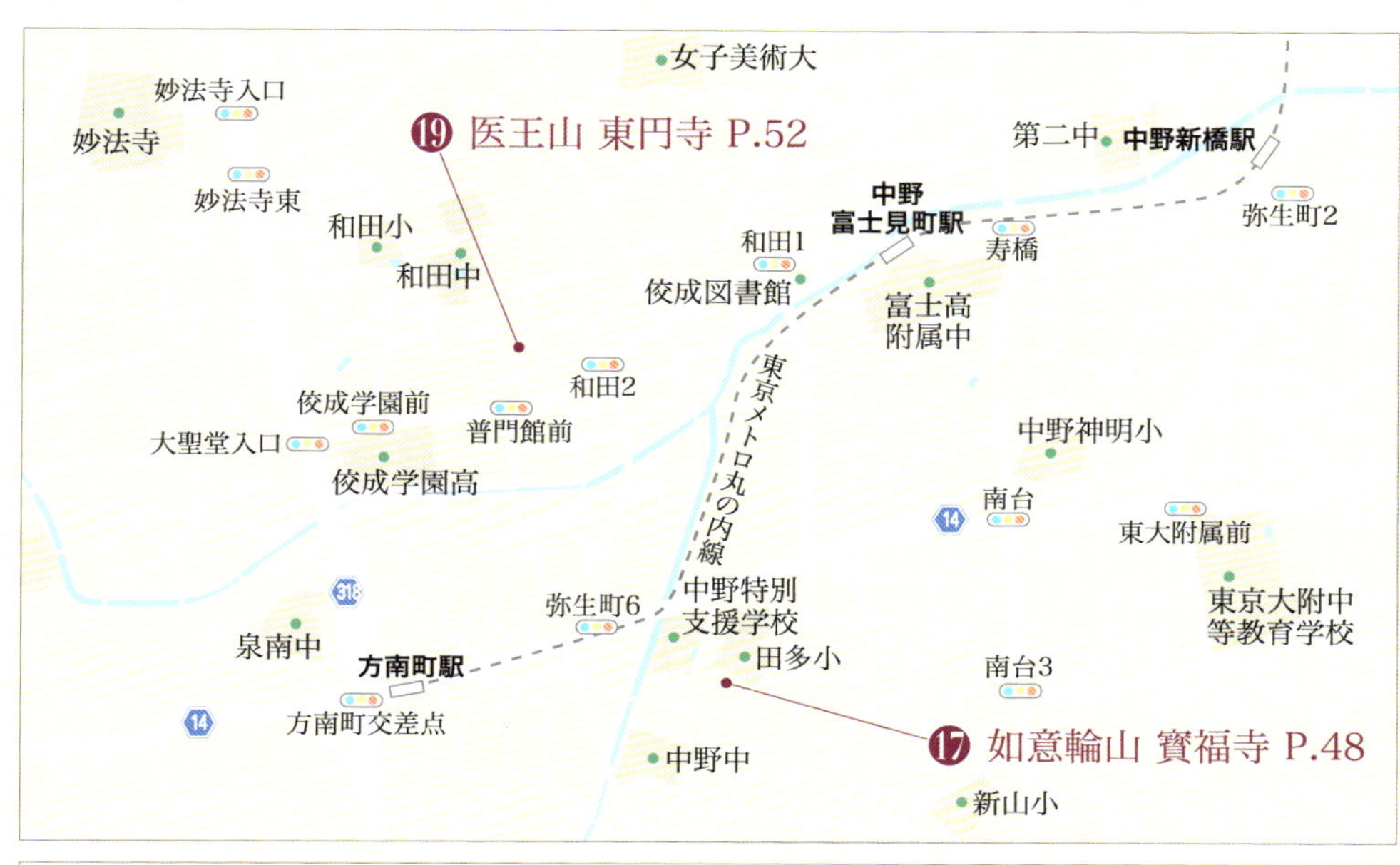
女子美術大
妙法寺入口
妙法寺
⑲ 医王山 東円寺 P.52
第二中
中野新橋駅
妙法寺東
中野
富士見町駅
弥生町2
和田小
和田1
寿橋
和田中
佼成図書館
富士高
附属中
東京メトロ丸の内線
和田2
佼成学園前
普門館前
大聖堂入口
中野神明小
佼成学園高
南台
東大附属前
中野特別
支援学校
弥生町6
東京大附中
等教育学校
泉南中
方南町駅
田多小
南台3
方南町交差点
⑰ 如意輪山 寳福寺 P.48
中野中
新山小

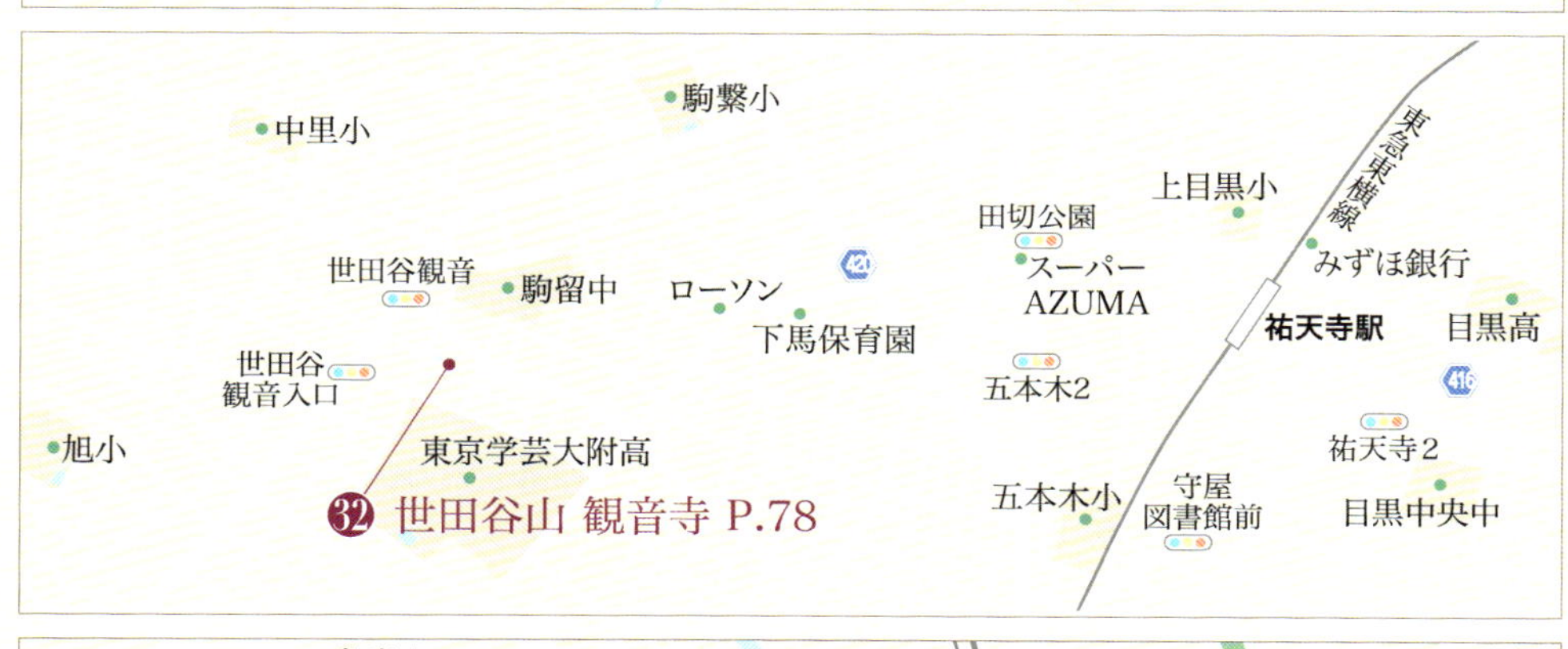
駒繋小
中里小
東急東横線
上目黒小
田切公園
世田谷観音
駒留中
ローソン
スーパー
AZUMA
みずほ銀行
下馬保育園
祐天寺駅
目黒高
世田谷
観音入口
五本木2
旭小
東京学芸大附高
祐天寺2
㉜ 世田谷山 観音寺 P.78
五本木小
守屋
図書館前
目黒中央中

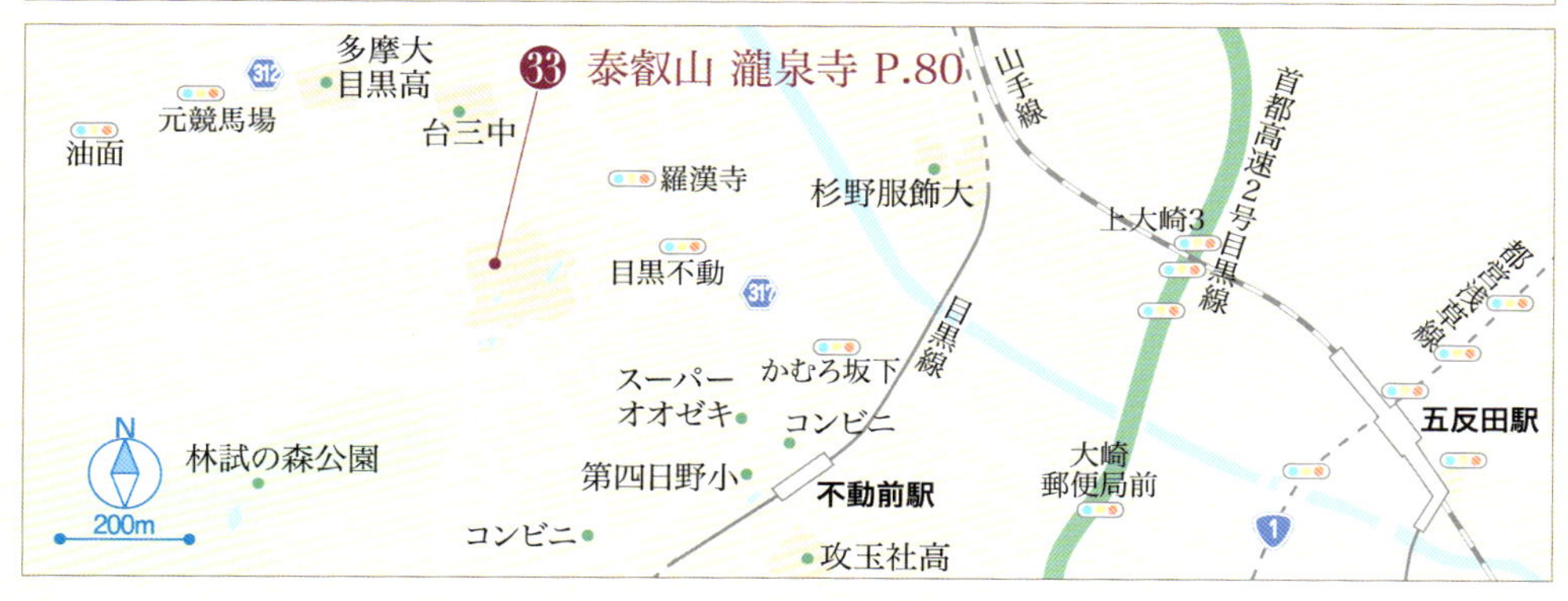
多摩大
目黒高
㉝ 泰叡山 瀧泉寺 P.80
山手線
首都高速2号目黒線
元競馬場
台三中
油面
羅漢寺
杉野服飾大
上大崎3
目黒不動
都営浅草線
目黒線
かむろ坂下
スーパー
オオゼキ
五反田駅
コンビニ
林試の森公園
大崎
郵便局前
第四日野小
不動前駅
200m
コンビニ
攻玉社高

金龍山 浅草寺（せんそうじ）

聖観音宗総本山

■中興開山　慈覚大師円仁
■開基　勝海上人
■本尊　聖観世音菩薩
■創建　628年（推古天皇36年）

MAP P8
▲推古天皇時代の創建とされ、東京都内最古の寺院です。

徳川将軍家に重んじられた浅草寺

観音菩薩を本尊とすることから「浅草の観音様」と通称され、広く親しまれています。本尊は現在の隅田川で漁をしていた檜前浜成・竹成兄弟の網にかかったもので、大化元年（六四五年）、勝海上人が観音堂を建立し、夢告により秘仏に定めたといわれています。

天正一八年（一五九〇年）、江戸に入府した徳川家康は、浅草寺を祈願所と定めました。また、三代将軍徳川家光の援助により、慶安元年（一六四八年）に五重塔、同二年（一六四九年）に本堂が再建されました。

―ご詠歌―

深きとが
今よりのちは
よもあらじ
つみ浅草へ
まいる身なれば

ワンモアポイント

仲見世の始まりは元禄、享保（1688～1735）の頃といわれており、日本で最も古い商店街の一つです。

●所在地
東京都台東区浅草2-3-1

●電話　03-3842-0181

●アクセス
都営地下鉄浅草線浅草駅A4出口より徒歩5分。仏具店の念珠堂の前を通り、雷門通りに出て左へ

●駐車場　なし

●拝観時間
6:00～17:00
(10月～3月は6:30～17:00)

●拝観料　無料

浅草といえば「雷門」といわれるほど有名な現在の門は、慶応元年（一八六五年）一二月一二日の田原町大火で炎上した門に替わって、昭和三五年（一九六〇年）、松下電器創始者松下幸之助氏の寄進です。

門は天慶五年(九四二年)平公雅によって創建され、初めは駒形付近にありました。

▶五重塔は天慶五年(九四二年)平公雅が本堂と共に建立したのを初め、数度倒壊、炎上に遭いましたが、その都度再建されました。

▶仲見世の長さは約250メートル。東側に54店、西側に35店、海外の観光客にも人気です。

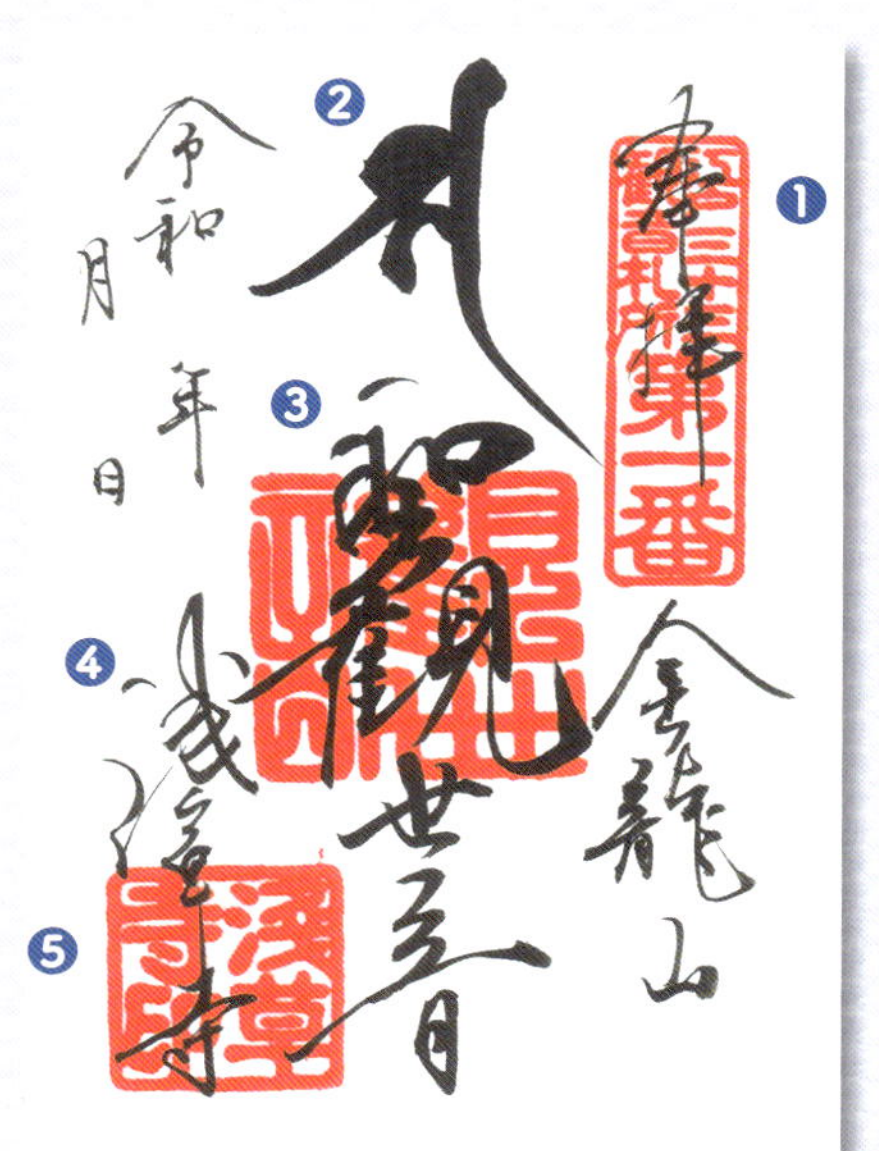

❶江戸三十三観音札所第一番
❷梵字・聖観世音（サ・しょうかんぜおん）
❸観世音
❹浅草寺
❺浅草寺印

▲観音堂には新橋の名を記した大提灯が提げられています。

江戸三十三観音
江戸六地蔵
江戸五色不動
江戸六阿弥陀
浅草名所七福神

江北山 清水寺（せいすいじ）

天台宗

MAP P8 ▲本堂・庫裏。平成9年に落慶しました。

かっぱ橋道具街通り沿いにあるモダンで近代的なお寺

天長六年（八二九年）、疫病が大流行した際、天台宗総本山比叡山延暦寺の慈覚大師が天皇の下命により、自ら千手観音一体を刻み、現在の千代田区平河の地に清水寺を開いて祀ったのがはじまりといわれています。

本堂は平成九年（一九九七年）に現在の建物に建て替えられ、地上二階、地下一階からなる近代的な佇まいとなりました。札所本尊の千手観世音菩薩坐像は南北朝時代の作で、台東区有形文化財に指定されています。

■開基　慈覚大師
■本尊　千手千眼観世音菩薩
■創建　829年（淳和天皇天長6年）

—ご詠歌—

ただたのめ
千手のちかひ
ひろければ
かれたる木にも
花さくといふ

ワンモアポイント

「かっぱ橋」は「河童橋」だと思われがちですが、実際は「合羽橋」と書くのだそうです。

●所在地
東京都台東区松が谷2-25-10
●電話　03-3844-7672
●アクセス
つくばエクスプレス浅草駅A2出口より徒歩7分。
●駐車場　なし
●拝観時間　9:00〜16:00
●拝観料　無料

「合羽橋道具街」は、明治末期から大正初期に発生し、現在では一七〇ほどの店舗で構成される約八〇〇メートルにも連なる世界でも珍しい専門店街に成長しました。

ご本尊の千手千眼観世音菩薩像は台東区有形文化財に指定されています。

▶「合羽橋道具街」の誕生90年を記念して建てられたシンボル像「かっぱ河太郎像」。

▼かっぱ河太郎像の碑。

❶江戸三十三観音札所第二番
❷梵字＋千手観世音
（キリーク・せんじゅかんぜおん）
❸三宝印　❹清水寺
❺江北山 清水寺

▲清水寺は合羽橋交差点の手前左側にあります。

第3番

大観音寺（おおかんのんじ）

聖観音宗

MAP P10　▲堂内には本尊の聖観世音菩薩や阿弥陀如来が祀られています。

本尊は頭部のみの像
人形町なので人形供養でも知られる寺

源頼朝が鎌倉幕府を開いた際、北条政子は、鎌倉に鉄観音像（鉄造の聖観音像）を本尊とする新清水寺を創建したといわれています。その後、火災により新清水寺が消失し、本尊は井戸の中に安置されました。大観音寺は、鎌倉の「鉄ノ井」から発見されたその鉄観音像を、本尊としています。

この尊像は鋳鉄製の総高一七〇センチメートル、面幅五四センチメートル。都指定有形文化財に指定され、毎月一七日と平成二三年の震災での奇瑞以降は、一一日も開扉し、月二回の御縁日には、直接お参りできます。

■開基　石田可村・山本卯助
■本尊　聖観世音菩薩
■創建　1876年（明治9年）

—ご詠歌—

くろがねの
かたきちかひに
み仏は
はなさくがごと
ちまたにぞたつ

ワンモアポイント

人形町駅から歩いてすぐ。スカイツリーも眺められ、人形町を紹介する地図もいただけるので、周辺を散策してみてはいかが。

●所在地
東京都中央区日本橋
人形町1-18-9

●電話　03-3667-7989

●アクセス
都営地下鉄浅草線人形町駅A2出口より徒歩1分。水天宮方面に歩くと道路右側にある。

●駐車場　なし

●拝観時間　終日開放
（御朱印は 10:00～16:00）

●拝観料　無料

鉄観音堂は鶴岡八幡宮の別当であったため、明治政府の廃仏毀釈令の標的にされ、観音像は由比ヶ浜に投棄されました。これを人形町の住人、石田可村・山本卯助が回収し、現在の地に勧進し奉祀しました。

本願地蔵尊は、通称「願いの地蔵尊」。心願成就・入試合格・子授け・水子供養など。

▲街中にひっそりとたたずむ大観音寺。

▶韋駄天堂は、ランナーの聖地です。

❶江戸三十三観音札所第三番
❷聖観世音（しょうかんぜおん）
❸梵字サの印
❹大観音
❺人形町大観音

▲茶吉尼天尊は通称「お稲荷さん」。開運と商売繁盛の尊天です。

江戸三十三観音
江戸六地蔵
江戸五色不動
江戸六阿弥陀
浅草名所七福神

諸宗山 無縁寺 回向院（えこういん）

浄土宗

MAP P10 ▲明暦3年（1657年）に開かれた浄土宗の寺院です。

江戸観音札所唯一の馬頭観世音菩薩

明暦の大火の被災者を供養する為に建立され、「有縁・無縁に関わらず、人・動物に関わらず、生あるすべてのものへの仏の慈悲を説くもの」という理念のもと、その後の天災・人災による被災者や、水子・刑死者・諸動物などあらゆる生命が眠っています。

江戸三十三観音に数えられる馬頭観世音菩薩は、将軍家綱公の愛馬が死亡し、上意によってその骸が回向院に葬られた際に建立されたもの。境内には、他にも猫の報恩伝説で知られる「猫塚」、「唐犬八之塚」をはじめ、「オットセイ供養塔」、「軍用犬軍馬慰霊の碑」、「三味観世音犬猫供養塔（糸塚）」など、様々な動物の慰霊碑、供養碑もあります。

■開基　遵誉貴屋上人
■本尊　阿弥陀如来
■創建　1657年（明暦3年）

ご詠歌

み仏の
慈悲の光に
照らされて
万人塚に
詣でくる人

ワンモアポイント

水子塚は寛政五年（一七九三年）、松平定信の命によって造立されたもので、水子供養の発祥とされています。

●所在地
東京都墨田区両国2-8-10
●電話
03-3634-7776
●アクセス
JR総武線両国駅より徒歩5分。
●駐車場　なし
●拝観時間
9:00～17:00
●拝観料　無料

回向院には「猫の恩返し」で有名な日本最古の猫塚があります。病気の主人に恩返しをしようとして殺されてしまった、実在した猫のお墓として、文化財に指定されています。

ねずみ小僧次郎吉の墓。長年捕まらなかった運にあやかろうと、墓石を削りお守りに持つ風習が当時より盛かん。

▶江戸時代に境内に建てられた「猫塚」。

▶「力塚」は昭和十一年に相撲協会が歴代相撲年寄の慰霊の為に建立したもの。

❶奉拝 ❷馬頭観世音 ❸ ❹回向院 ❺諸宗山 令和 年 月 日

❶江戸三十三観音札所第四番
❷馬頭観世音（ばとうかんぜおん）
❸御姿印
❹回向院
❺諸宗山回向院

▲回向院二世信誉貞存上人が自ら鑿をとって刻した馬頭観世音菩薩を安置した馬頭観音堂。

MAP P10 ▲2階建て鉄筋コンクリート造りの本堂。

第5番

新高野山 大安楽寺（だいあんらくじ）

高野山真言宗

■開基　山科俊海大僧正
■本尊　弘法大師
■創建　1872年（明治5年）

—ご詠歌—

あなとうと
みちびきたまへ
かんぜおん
はなのうてなの
安らぎの寺

大震火災・戦災の難も免れた江戸時代作の十一面観自在菩薩

高野山真言宗の準別格本山。明治の始め、高野山から東京に出てきて麻布市兵衛町の五大山不動院の住職となった山科俊海大僧正が浅草に向かう途中、江戸伝馬町の牢屋敷処刑場跡であったこの場所に霊がさまよえるのを感じ、慰霊のため寺の建造を発願し、大蔵財閥の大蔵喜八郎と安田財閥の安田善治郎が中心となって勧進し、明治八年に建立。寺名はその二人の頭文字をとって「大」「安」楽寺と称したといわれています。当時の寺は関東大震災で焼失し、昭和三年（一九二八年）に再建されました。

ワンモアポイント

本堂右手の庫裡も関東大震災後に再建されたもので、ガラス戸などのデザインがモダン。

●所在地
東京都中央区日本橋小伝馬町3-5
●電話　03-3661-4624
●アクセス
東京メトロ日比谷線小伝馬町駅4番出口より徒歩2分。
●駐車場　なし
●拝観時間　10:00〜16:00（納経受付時間）
●拝観料　無料（拝観は団体事前申し込みのみ受付）

「江戸八臂弁財天」は江ノ島弁財天の三体の一つで、北条政子の発願と伝えられています。胎内には三体のミニ弁財天が納められ、弁財天の右に大聖歓喜天、左に大黒天が祀られています。

延命地蔵尊。「為囚死群霊離苦得脱」は山岡鉄舟の筆です。

▶江戸八臂弁財天。北条政子の発願によって作られたといわれています。

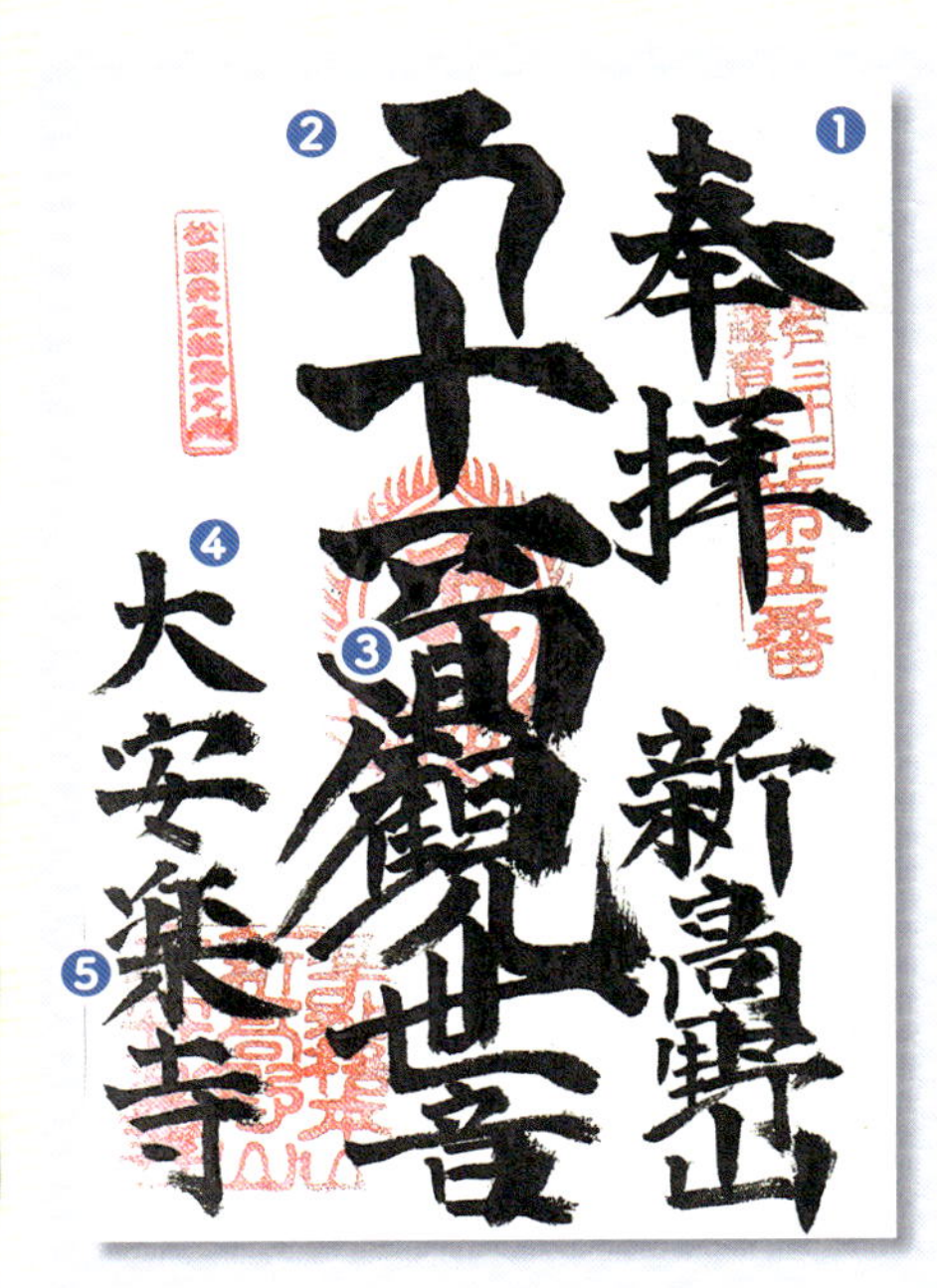

❶江戸三十三観音札所第五番
❷梵字・十一面観自在菩薩
（キャ・じゅういちめんかんじざいぼさつ）
❸梵字キャの印　❹大安楽寺
❺準別格本山新高野山大安楽寺

▲江戸伝馬町処刑場跡と記された石碑。

▲目の前の「十思公園」にも処刑場があったといわれ、公園の敷地内には石町（こくちょう）にあった時の鐘が残されています。

東叡山 清水観音堂

天台宗

■開基　天海大僧正
■本尊　千手観世音菩薩
■創建　1631年（寛永8年）

—ご詠歌—

松風や
音羽の滝は
清水の
むすぶ心は
涼しかるらん

MAP P8

▲桁行五間、梁間四間、単層入母屋造り、本瓦葺の「清水観音堂」。

人形供養でも知られる清水観音堂

江戸三十三観音札所の清水観音堂は寛永寺の一部で、京都東山の清水寺を模した舞台造りのお堂です。寛永八年（一六三一年）天海大僧正により建立され、御本尊も清水寺より恵心僧都（えしんそうず）作の千手観音像を迎え、秘仏として祀られています。

当初は、現在地より一〇〇メートルほど北方の擂鉢山上にありましたが、元禄七年（一六九四年）に現在の地へ移築されました。不忍池に臨む正面の舞台造りは、江戸時代より浮世絵に描かれるなど、著名な景観です。

ワンモアポイント

寛永寺に建立されたさまざまな建物は、比叡山とその近くの京都・近江の建物・風景を模したもの。

●所在地
東京都台東区上野公園1-29
●電話　03-3821-4749
●アクセス
東京メトロ日比谷線上野駅より徒歩6分。上野公園へと向かう。
●駐車場　なし
●拝観時間　7:00〜17:00
●拝観料　無料

札所本尊の千手観音像は秘仏として厨子内に安置されており、通常は拝観できませんが、毎年2月の初午の日には開扉され拝観することができます。歌川広重の江戸百景で有名な「月の松」が150年ぶりに復元されました。

「人形供養」
清水観音堂に安置されている子育観音に奉納された人形や家庭で壊れたりした人形を、毎年9月25日14時より人形供養大法要を執り行い、供養します。

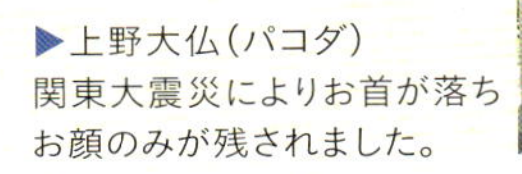

▶上野大仏(パゴダ)
関東大震災によりお首が落ちお顔のみが残されました。

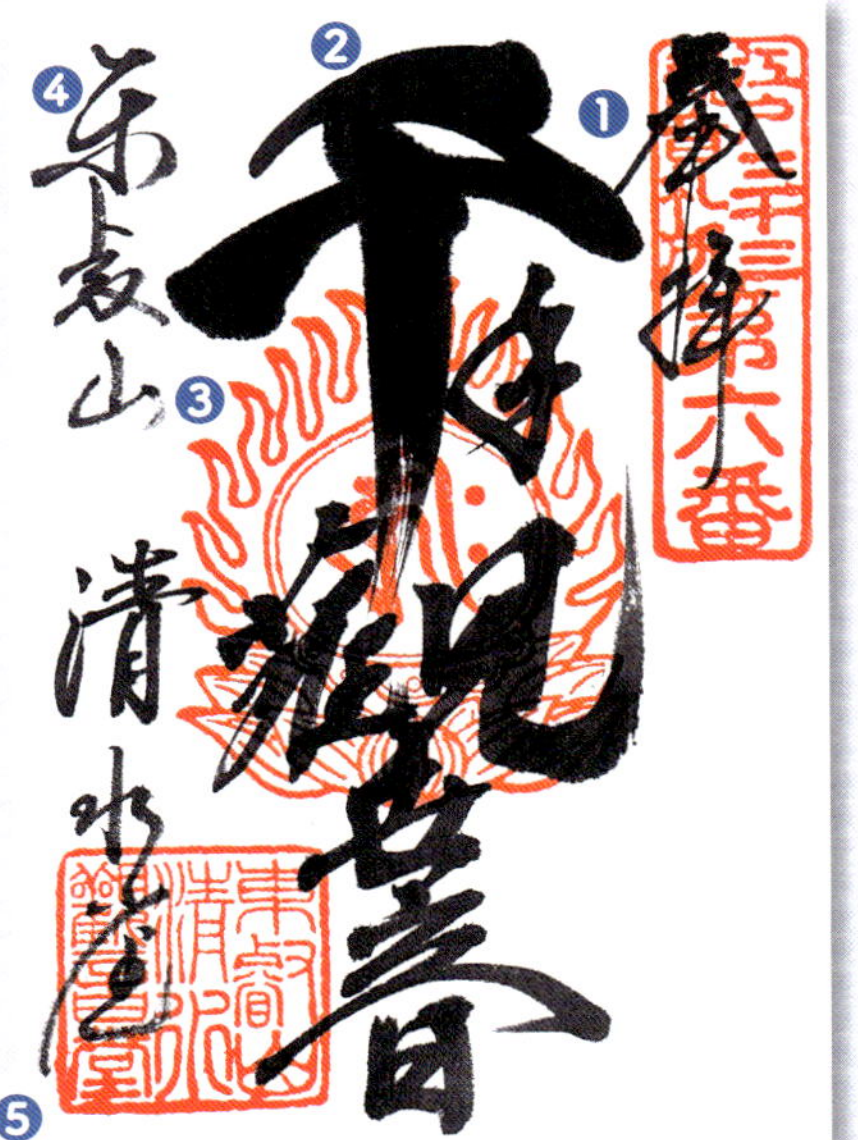

❶江戸三十三観音札所第六番の印
❷千手観世音（せんじゅかんぜおん）
❸梵字キリクの印
❹東叡山清水堂
❺東叡山清水観音堂の印

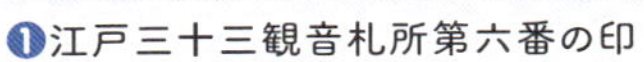

▲不忍池辯天堂と不忍池。

柳井堂 心城院（しんじょういん）

天台宗

MAP P9

▲さまざまな震災・空襲などから免れ、300年以上も風雪に耐えてきた本堂は近年改修されました。

江戸名水の一つ「柳の井戸」があることから「柳井堂（りゅうせいどう）」と称される

湯島天神男坂の登り口に位置しています。元々は湯島天神別当喜見院の宝珠弁財天堂という名の堂宇でした。菅原道真公が九州へ流された際に大聖歓喜天（聖天（しょうてん）さま）に祈念された故事を縁に、元禄七年（一六九四年）、喜見院第三世宥海大僧都が、大聖歓喜天を奉安し開基したのが柳井堂のはじまりです。

喜見院は明治維新の神仏分離令により廃寺になりましたが、柳井堂はその難を逃れました。喜見院が江戸三十三観音札所第七番であったため、柳井堂は同じく第七番札所として選定されました。聖天さま（絶対秘仏）を祀っていることから「湯島聖天」とも称されています。

■開基　宥海大僧都
■本尊　十一面観世音菩薩・大聖歓喜天
■創建　1694年（元禄7年）

—ご詠歌—

柳井の
水清くして
白梅の
香りかぐわし
湯島のみほとけ

ワンモアポイント

柳の井は関東大震災の時、湯島天神境内に非難したたくさんの人たちの命を救った水です。

●所在地
東京都文京区湯島3-32-4
●電話　03-3831-1350
●アクセス
東京メトロ千代田線湯島駅3番出口より徒歩2分。
●駐車場　なし
●拝観時間　9:00〜16:00
御朱印受付時間
9:00〜12:00
13:00〜16:00
（不在時は書き置きをお渡しする場合有）
●拝観料　無料

江戸砂子「柳の井、男坂下」の項に「この井は名水にて、女の髪を洗えば如何ように結ばれた髪も、はらはらほぐれ垢落ちる。気晴れて、風新柳の髪をけずると云う心にて、柳の井と名付けたり」と記されています。

▲このお寺は、江戸時代より病気平癒などに縁起の良い亀を放していたことから、通称「亀の子寺」とも言われています。作家・久保田万太郎はかつて、「きさらぎや亀の子寺の 畳替」と詠みました。近年、周囲の都市化により池の水が抜け、亀の放生がむずかしくなりましたが、平成23年に池が改修され、再び亀が放されました。

江戸名水のひとつ「柳の井」。美髪・厄除のご利益を求め、日々参拝客が絶えません。

▶「水琴窟」。水を流して聴き竹に耳を傾けると、「きーん」「きーん」と音が聞こえます。

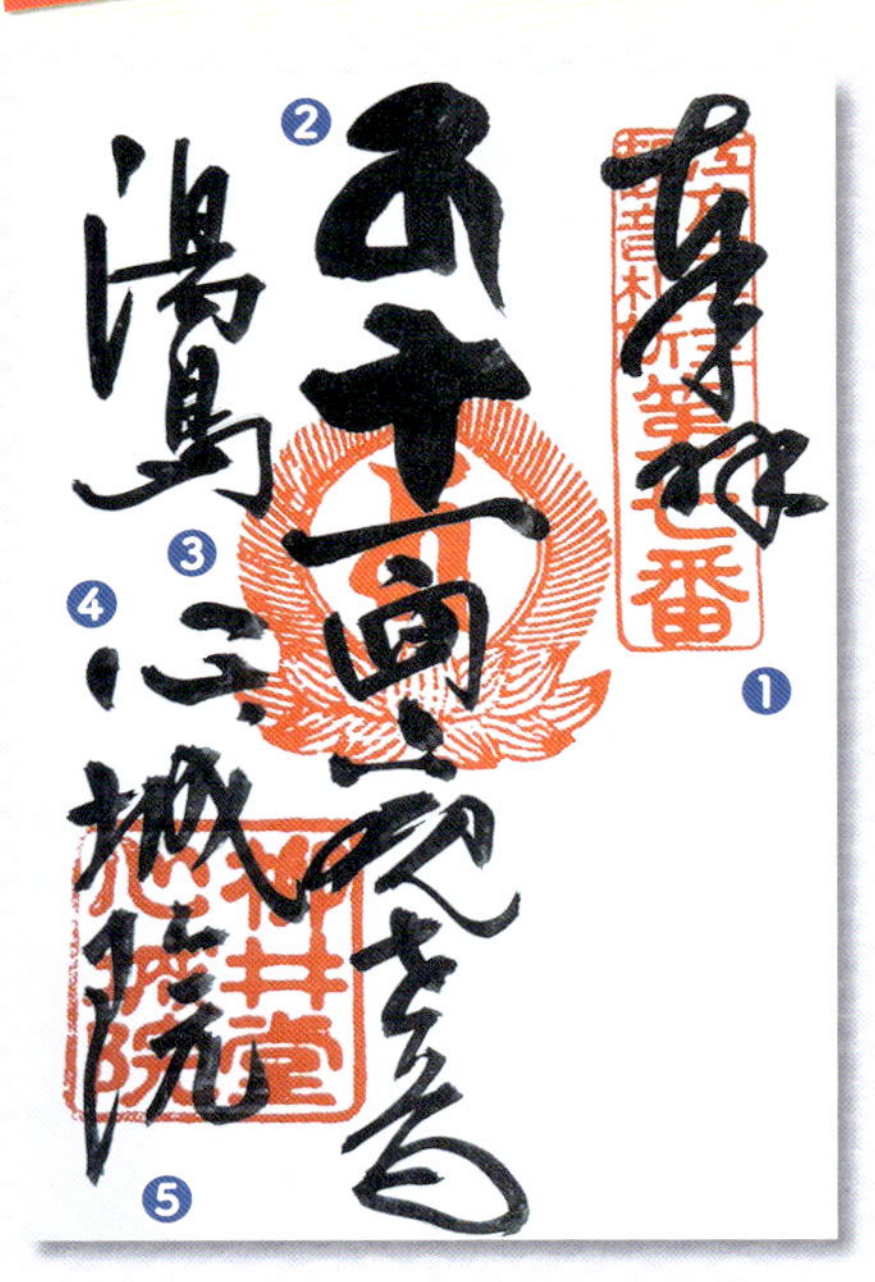
❶江戸三十三観音札所第七番
❷梵字・十一面観世音
（キャ・じゅういちめんかんぜおん）
❸梵字キャの字　❹心城院
❺柳井堂心城院

▲「学問のみち」沿いにあります。

MAP P9 ▲札所本尊の聖観世音菩薩。

第8番

東梅山 清林寺(せいりんじ)

浄土宗

■開基　祐崇上人
■本尊　聖観世音菩薩
■創建　1483年（文明14年）

―ご詠歌―

安楽の
往生願い
十声となうれば
観音に
かないぬる

ご本尊の阿弥陀如来像は開山当初のもの

文明一五年（一四八三年）、鎌倉三十三観音第一八番札所となっている光明寺八世貫主の祐崇上人によって建立されたお寺です。東京大空襲で全堂宇を消失しましたが、ご本尊阿弥陀如来は納骨堂の地下に安置していたため焼失を免れました。その後、仮本堂を建立した後、昭和三三年（一九五八年）現在の本堂が建てられました。

札所本尊の聖観世音菩薩は庫裏の前の小堂に安置されており、ガラス越しに拝顔することができます。境内の右手には、飛鳥時代様式の三重塔を昭和五二年より建設中です。

ワンモアポイント

ご本尊の阿弥陀如来像は開山当初のもので、脇侍の観音菩薩像は江戸時代のものだそうです。

●所在地
文京区向丘2-35-3
●電話　03-3821-2581
●アクセス
東京メトロ南北線本駒込駅1番出口より徒歩3分。
●駐車場　なし
●拝観時間　9:00〜16:00
●拝観料　無料

徳川家康公がお寺に入った際、二祖台蓮社光誉上人が家康公から天下栄の松・万年の竹・相生の東梅の三鉢をいただいたことから寺号が「東梅山陽花院清林寺」とされました。

「本堂」ご本尊は、阿弥陀如来と聖観世音菩薩。

◀花陽稲荷大明神を祀った祠が建っています。

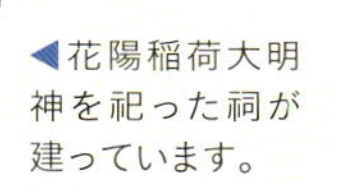

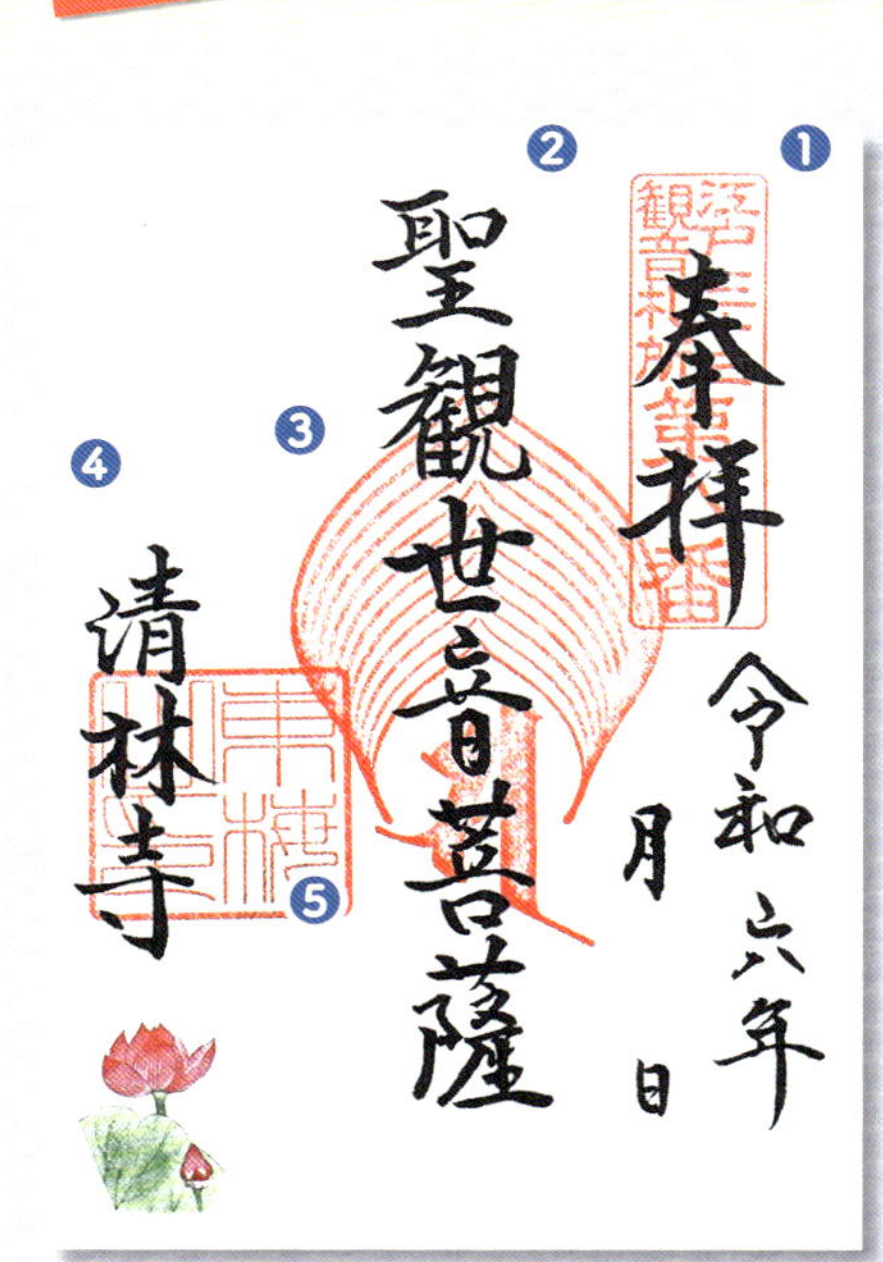

❶江戸三十三観音札所第八番
❷聖観世音菩薩（せいかんぜおんぼさつ）
❸梵字サの印
❹浄土宗清林寺
❺東梅山印

▲境内の仏様。

▲山門を入ると正面に本堂、右に書院、庫裡があります。

第9番

東光山 定泉寺（じょうせんじ）

浄土宗

MAP P9 ▲十一面観世音菩薩が安置されている昭和27年再建の本堂。

江戸時代は「矢場（やば）の定泉寺」といわれたお寺

南北線「本駒込駅」2番出口の真ん前にあるお寺です。元は本郷弓町にあった「太田道灌の矢場跡」に建立され、東光山見性院定泉寺と号し、江戸時代は「矢場の定泉寺」といわれました。明暦の大火により焼失し、現在地に移転。

その後、東京大空襲により堂宇は焼失しましたが、本尊・過去帳は守られ、昭和二十七年（一九五二年）本堂が再建され、伊勢「白子の悟真寺」より、札所観音仏である十一面観世音菩薩像をお迎えしたそうです。境内には本郷金助町ゆかりの「牧野金助の墓」江戸時代の書家「林家川崎の墓」があります。

■開基　随波上人
■本尊　十一面観世音菩薩
■創建　1621年（元和7年）

―ご詠歌―

春の日は
東光山に
かがやきて
駒込の里に
晴るるうす雲

ワンモアポイント

境内には印塔の六面に御姿が刻された「宝篋印塔の六阿弥陀」があります。

●所在地
東京都文京区本駒込1-7-12
●電話　03-3941-7063
●アクセス
東京メトロ南北線本駒込駅2番出口より徒歩3分。
●駐車場　有（5台）無料
●拝観時間　9:00～17:00

山門を入って左手にある夢現地蔵尊堂内の花立に「弓の絵柄」が彫り込んであることから矢場跡であったことを示しています。夢現地蔵尊はお詣りすると夢が叶うと伝わるお地蔵様です。

夢現地蔵尊堂。

▶江戸時代の作である「五重の層塔」。

▶大変珍しいといわれている「宝篋印塔の六阿弥陀」。
*元禄期

❶江戸三十三観音札所第九番
❷十一面観世音（じゅういちめんかんぜおん）
❸本尊を表す印
❹駒込定泉寺
❺東光山定泉寺

▲江戸・安永年間成立の上野王子駒込辺三十三ヶ所観音霊場の19番札所でもあります。

第10番

湯嶋山 常光院 浄心寺（じょうしんじ）

浄土宗

MAP P9 ▲推本堂は棟の高い入母屋造り、大きな朱の２階建で、長い石段を上がって本堂を参拝します。

桜と観音さまのお寺 浄心寺

本郷通り沿いの大きな布袋様が目を引く浄心寺。元和二年（一六一二年）、湯島妻恋坂付近に創建されましたが、江戸の大火により焼失し、現在の地に移転しました。春になると境内の桜の木が見事な花を咲かせます。

本堂には江戸観音札所の第十番に指定されている「子育て桜観音」こと十一面観世音菩薩像をはじめ、阿弥陀三尊像、四天王像、虚空蔵菩薩像などが安置されています。また、本堂内には高さ一・五メートル、重さ五〇〇キロの「日本一の巨大木魚」があります。

■開山　到誉文喬和尚
■開基　畔柳助九郎
■本尊　阿弥陀如来
■創建　1612年（元和2年）

—ご詠歌—

たのめただ
枯れたる木にも
自ら
実りの花や
桜観世音

ワンモアポイント

ご本堂の入口には、木魚に負けないほど大きな、2メートル以上の提灯がぶら下がっています。

●所在地
東京都文京区向丘2-17-4
●電話　03-3821-0951
●アクセス
東京メトロ南北線本駒込駅1番出口より徒歩6分。
●駐車場　なし
●拝観時間　8:00～17:00
●拝観料　無料
https://www.joshinji.or.jp/

春には見事な桜が見られることから、「桜観音」の名で親しまれています。境内の桜は、昭和30年に国際親善大使として来日し、このお寺に訪問したスペインのフラメンコ一行が寄贈したものです。

本郷通り沿いの入口に建つ大きな布袋様が目印です。

▶参道がきれいに整備された境内にはたくさんの桜の木とたくさんの仏様。

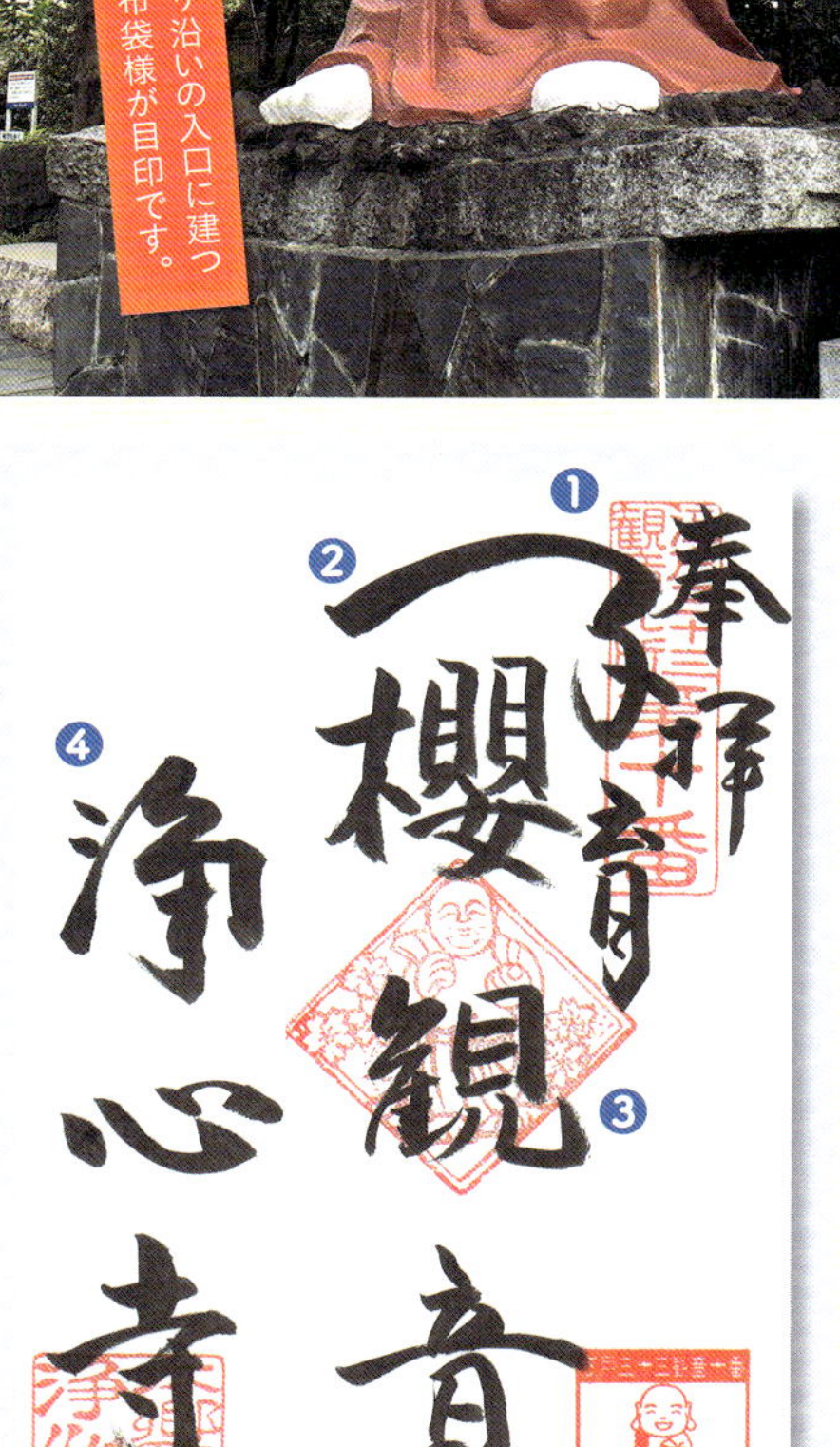

❶江戸三十三観音札所第十番
❷子育櫻観音（こそだてさくらかんのん）
❸三宝印
❹浄心寺
❺本郷駒込浄心寺

▲春日のお局さんの御愛祈のお地蔵さん。「春日のお局さんの墓」は本郷3丁目交差点近くの「麟祥庵」にあります。

第11番

南縁山 圓乗寺（えんじょうじ）

天台宗

MAP P9 ▲2019年に建て替えられた本堂。

■開基　円栄法印
■本尊　聖観世音菩薩・釈迦牟尼如来
■創建　1573～1592年（天正年間）

―ご詠歌―

観音の
おしえのままに
導かれ
ただ円かれと
み船に乗るらん

境内には八百屋お七のお墓と地蔵尊堂

元和6年（一六二〇年）に創建された天台宗のお寺です。境内には八百屋お七の墓があります。江戸有数の八百屋であった於七の家は、天和二年（一六八二年）、大圓寺から出火した天和の大火で被災し、菩提寺である圓乗寺に非難しました。その折に寺小姓の佐兵衛と恋仲になってしい、その後、再会したい一心で、火事になればまた逢えると思い込んで放火してしまいました。未遂に終わったものの、火あぶりの刑に処せられた、というお話しです。後に井原西鶴の「好色五人女」や歌舞伎で取り上げられ、有名になりました。

ワンモアポイント

八百屋お七の地蔵尊堂は「縁結び」「芸道上達」「火防」としての参拝者が多く訪れます。

●所在地
東京都文京区白山1-34-6
●電話　03-3812-7865
●アクセス
都営地下鉄三田線白山駅A1出口より徒歩2分。
●駐車場　なし
●拝観時間　9:00～16:30
●拝観料　無料

八百屋お七の墓は三基あり、中央は寺の住職が供養で建立、右は寛政年間（一七八九～一八〇一年）に岩井半四郎がお七を演じて好評だったので建立、左は近所の有志が二七〇回忌の法要で建立。

八百屋お七の墓
参道の奥に八百屋お七の墓が三基あります。

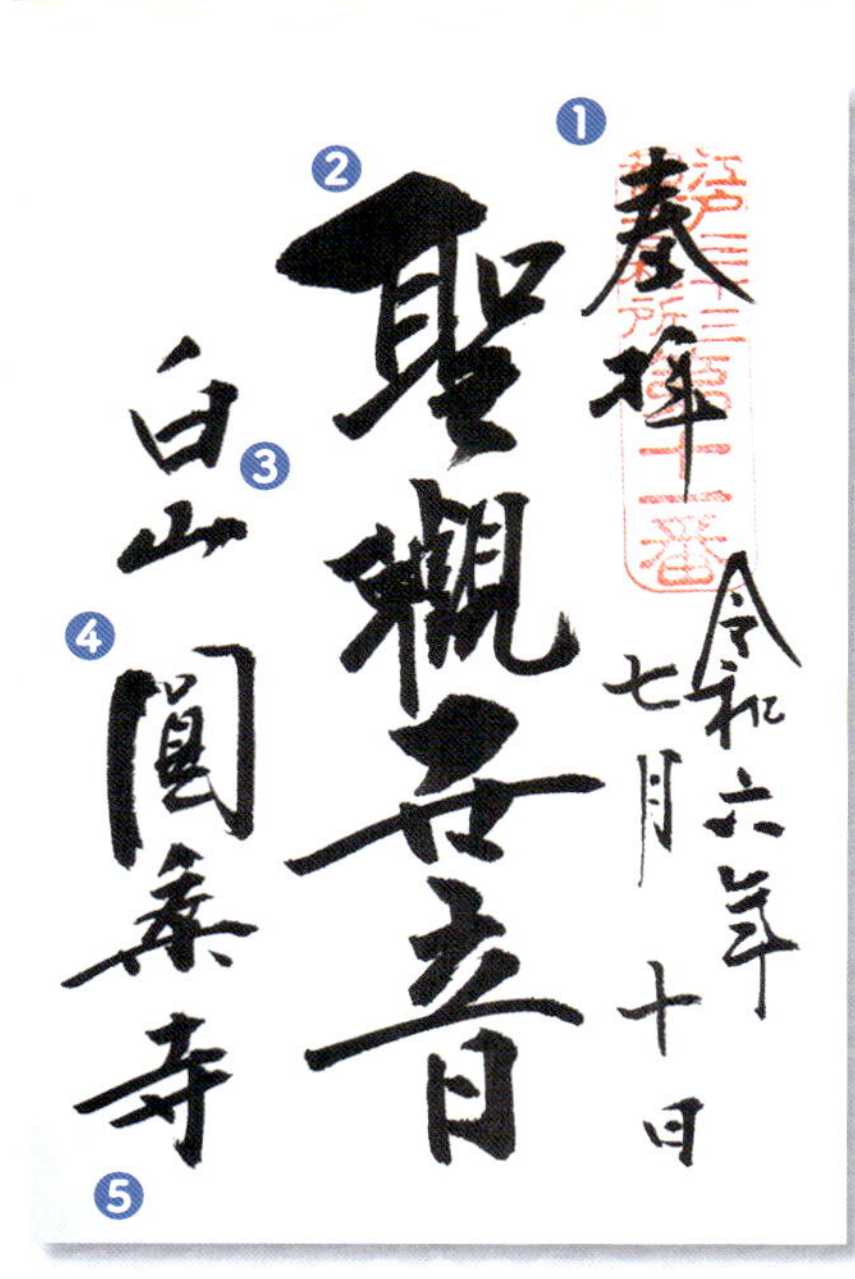

❶江戸三十三観音札所第十一番
❷聖観世音（しょうかんぜおん）
❸梵字アの印
❹圓乗寺
❺圓乗寺納経印

▲本堂の前には六地蔵。

▲この石柱を目印に。

第12番

無量山 傳通院（でんづういん）

浄土宗

MAP P9　▲昭和63年（1988年）に建立された新本堂。

■開山　了誉聖冏上人
■開基　徳川家康公
■本尊　阿弥陀如来・無量観世音菩薩
■創建　1415年（応永22年）

—ご詠歌—

ありがたや
まことの道を
ふむ人は
じひのあみだが
すくうとうとさ

自然豊かな高台にある徳川家ゆかりのお寺

正式には「無量山 傳通院 壽経寺（むりょうざん・でんづういん・じゅきょうじ）」、または「小石川 傳通院」とも言われます。慶長七年（一六〇二年）、徳川家康公のご生母、於大の方が逝去された際、菩提寺として定められ、於大の方の法名が寺名になりました。正保四年（一六四七年）には、三代将軍家光公の次男、亀松君が葬られ、諸堂伽藍が整えられました。

傳通院墓地の北側にある広大な一画には徳川家の墓域があり、徳川秀忠の娘の千姫をはじめ、徳川家由縁の古い諸廟所が多く建っています。現在の本堂は昭和六三年（一九八八年）に建立されました。

ワンモアポイント

境内の鐘楼は昭和41年（1966年）建立で、梵鐘は天保10年（1839年）に改鋳されたものです。

●所在地
東京都文京区小石川3-14-6
●電話　03-3814-3701
●アクセス
都営地下鉄大江戸線春日駅で下車、春日駅前2番のりばから都営バス都02系統（大塚駅前・池袋駅東口行）または、上69系統（小滝橋車庫前行）に乗車、伝通院前で下車する。
●駐車場　あり
●拝観時間　9:00～17:00
●拝観料　無料

「眠狂四郎」、「御家人斬九郎」シリーズで有名な小説家の柴田錬三郎、日本画家の橋本明治など、数多くの文化人のお墓があり、柴田錬三郎のお墓は八段の正方形の石を重ねたピラミッド状の墓石と球体の墓石が個性的です。

徳川家康公の生母である於大の方のお墓。

◀徳川秀忠の娘である千姫のお墓。

奉拝
無量聖観世音
小石川傳通院
令和六年七月二十三日

❶江戸三十三観音札所第十二番
❷無量聖観世音（むりょうしょうかんぜおん）
❸三宝印
❹小石川 傳通院
❺無量山 傳通院

▲法蔵地蔵尊
中央のご本尊は法蔵地蔵尊、脇侍は右が観世音菩薩、左が勢至菩薩 。

▲第2次世界大戦の東京大空襲により焼失した山門が、67年ぶりに再建され、2012年3月4日、法然上人八百年御忌を記念し山門落慶奉告法要会が行われました。

第13番

御府内八十八ヶ所 第87番

神齢山 護国寺（ごこくじ）

真言宗豊山派 大本山

■開山　亮賢僧正
■開基　桂昌院
■本尊　如意輪観世音菩薩
■創建　1681年（天和元年）

MAP P11　▲本堂（観音堂）は元禄文化の様相を伝える貴重な建物。

将軍家の祈願寺として、幕府の厚い庇護を得たお寺

天和元年（一六八一年）、徳川家五代将軍綱吉公の生母、桂昌院の発願により創建されたお寺です。札所本尊の如意輪観世音菩薩は秘仏になっており、普段は拝見することができませんが、毎月十八日の縁日には開帳されます。

本堂（国指定重要文化財）は元禄一〇年（一六九七年）に将軍綱吉公の命により建立されたものです。月光殿は近江（大津市）三井寺の塔頭日光院の客殿を昭和三年に移築し、「月光殿」と改称され、本堂とともに国の重要文化財に指定されています。

—ご詠歌—

もろもろの
くのうをすくう
観世音
大悲の恵み
尊とかりける

ワンモアポイント

境内に入ると、丹塗りの仁王門、石段の中腹に中門（不老門）があります。

●所在地
東京都文京区大塚5-40-1
●電話　03-3941-0764
●アクセス
地下鉄護国寺駅1番出口よりすぐ
●駐車場　有
●拝観時間　10:00〜16:00
●拝観料　無料

本堂に向って左側の「月光殿」は書院作りの代表的な建物で、桃山期の建築美を今に伝えています。

昭和3年(1928)、原六郎により寄進された「月光殿」。※月光殿は一般公開はしていません。

◀滋賀県石山寺の多宝塔を模し、昭和13年(1938年)に建立された「多宝塔」。

▶徳川家五代将軍綱吉公の生母、桂昌院より寄進された「手洗水盤」。

❶江戸三十三観音札所第十三番
❷如意輪観世音
❸本尊梵字
❹音羽護國寺
❺護國寺印

▲不老門(上)と仁王門(下)。

第14番

関東三十六不動霊場　第14番
御府内八十八ヶ所霊場　第38番
江戸五色不動　目白不動

神霊山 慈眼寺 金乗院（こんじょういん）

真言宗 豊山派

MAP P11 ▲現在の本堂は昭和46年に再建され、平成15年に全面改修されました。

■開基　永順法印
■本尊　聖観世音菩薩
■創建　1573～1592年（天正年間）

江戸五色不動のひとつ「目白不動」も祀られています

天正年間に開山永順法印が本尊の観世音菩薩を勧請して観音堂を築いたのが草創とされ、第二次世界大戦で焼失した目白不動堂（東豊山浄滝院新長谷寺）を合寺しており、山門をくぐると、すぐ右手の高台に目白不動を祀る不動堂があります。

本尊は金剛仏の聖観世音菩薩で高さは七センチメートル、秘仏とされています。ご朱印は江戸三十三観音、関東三十六不動尊霊場、御府内八十八ヶ所弘法大師霊場、江戸五色不動目白不動尊の四種類があるので、間違えないように伝えていただきましょう。

—ご詠歌—

うつし世の
まことの道を
たずぬれば
しるしまみえん
宿坂の里

ワンモアポイント

境内には江戸時代の武士（浪人）丸橋忠弥や青柳文庫の名前の由来となった青柳文蔵のお墓もあります。

●所在地
東京都豊島区高田2-12-39
●電話　03-3971-1654
●アクセス
都電荒川線学習院下駅より徒歩4分。
●駐車場　有（数台）無料
●拝観時間　10:00～16:00
●拝観料　無料

境内には、龍となった不動明王が彫られた珍しい石塔「倶利伽羅不動庚申塔（くりからふどうこうしんとう）」もあります。剣に巻きつく龍が彫られ、その下には「見ざる、言わざる、聞かざる」の三猿。

倶利伽羅不動庚申
寛文6年（1660）に建てられた、不道明王の法形を表した庚申塔。

◀「鐔塚（つばつか）」
寛政12年（1800）に立てられた、刀剣の供養塔。

▲宿坂道
金乗院の裏中世の頃「宿坂の関」と呼ばれる場所がこのあたりにありました。

❶江戸三十三観音札所第十四番
❷聖観世音菩薩（しょうかんぜおんぼさつ）
❸梵字サの印
❹目白不動尊　❺金乗院
❻神霊山金乗院

▲山門は約200年前の建立。昭和20年4月の戦災で屋根部分を焼失したが全焼はまぬがれ、昭和63年に檀徒の寄進により復元されました。

光松山 放生寺（ほうしょうじ）

高野山真言宗 準別格本山

■開基　良昌上人
■本尊　聖観世音菩薩
■創建　1641年（寛永18年）

MAP P11　▲高田八幡（穴八幡）の別当寺として開創されたお寺。

徳川家代々の祈願の寺として葵のご紋を寺紋に用いることを許された

寛永十八年、威盛院権大僧都 良昌上人が、高田八幡（穴八幡）の造営に尽力され、その別当寺（神社に付属して建てられた寺院）として開創されたお寺です。「一陽来福」のお守りでも広く知られていますが、融通・虫封じ観世音とよばれるご本尊も多数の参詣者を集めています。

「修行大師」の敷石の下には、四国八十八ヶ所各お寺のお砂が敷かれてあり、お砂踏み霊場として、向かって左側から右周りに『南無大師遍照金剛』と唱えながら巡ると、一番から八十八番をお参りする御利益をいただけます。

―ご詠歌―

ひとおおく
たちあつまれる
いちのみや
むかしもいまも
さかえぬるかな

ワンモアポイント

本尊は秘仏のため、年二回の開帳法会（春/4月18日・秋/スポーツの日）で参拝できます。

●所在地
東京都新宿区西早稲田2-1-14
●電話　03-3202-5667
●アクセス
東京メトロ東西線早稲田駅2番出口より徒歩2分。
早稲田通りの馬場下町交差点を渡って諏訪通りに入ったところに参道入口がある。
●駐車場　なし
●拝観時間　9:00～17:00
●拝観料　無料

本堂の正面の灯籠堂にお祀りされている「神変大菩薩」は、山野を駆け巡って修行したことから、足腰の弱い人たちを救済して下さるといわれており、中にぞうりが入っているお守りがあります。

「じんぺんさん」のお名前で親しまれている「神変大菩薩」。

◀「馬頭観音菩薩」。あらゆる畜生類を救う観音であるともいわれてます。

❶江戸三十三観音札所第十五番
❷梵字・聖観世音（サ・しょうかんぜおん）
❸三宝印
❹光松山　放生寺
❺高野山真言宗準別格本山光松山放生寺

▲放生会の行事の際に鯉の稚魚をこの池に放します。

▲放生寺と穴八幡宮は境内を隣り合わせています。

第16番

醫光山 安養寺（あんようじ）

天台宗

MAP P11 ▲札所本尊の十一面観世音が祀られている「聖天堂」。

別名「神楽坂聖天」としても知られる新宿区神楽坂にある天台宗の寺院

天正一九年（一五九一年）、徳川家康公が築城の際、城内平河口より田安へ換地し、その後天和三年（一六八三年）四月に現在の神楽坂に移りました。札所本尊の十一面観世音は歓喜天尊の本地仏として聖天堂に祀られています。

門を入って正面二階が本堂。本尊は薬師瑠璃光如来で大佛薬師如来と呼ばれ、徳川家ゆかりの霊仏です。昭和二十年の戦災の時、お顔、薬壷、手首は無傷で残り、これを大切に復元した金銅仏が残っており、二階本堂に安置されています。

■開基　慈覚大師円仁
■本尊　薬師如来・十一面観世音菩薩
■創建　不詳

—ご詠歌—

聖天と
身をあらわして
福聚海
無量の誓い
たのもしきかな

ワンモアポイント

ご朱印をいただく間、本堂の薬師如来を参拝させていただくことができます。

●所在地
東京都新宿区神楽坂6-2
●電話　03-3260-2549
●アクセス
都営地下鉄大江戸線牛込神楽坂駅A3出口より徒歩2分。
●駐車場　なし
●拝観時間　9:00〜17:00
●拝観料　無料

境内には緑に覆われた「宝生弁財天」（銭洗い弁財天）があり、お堂右手前にある「洗心宝生水」でお金を洗います。

宝生弁財天。弁財天は水神であり、芸や財の神でもあります。

◀お金を洗う「洗心宝生水」。

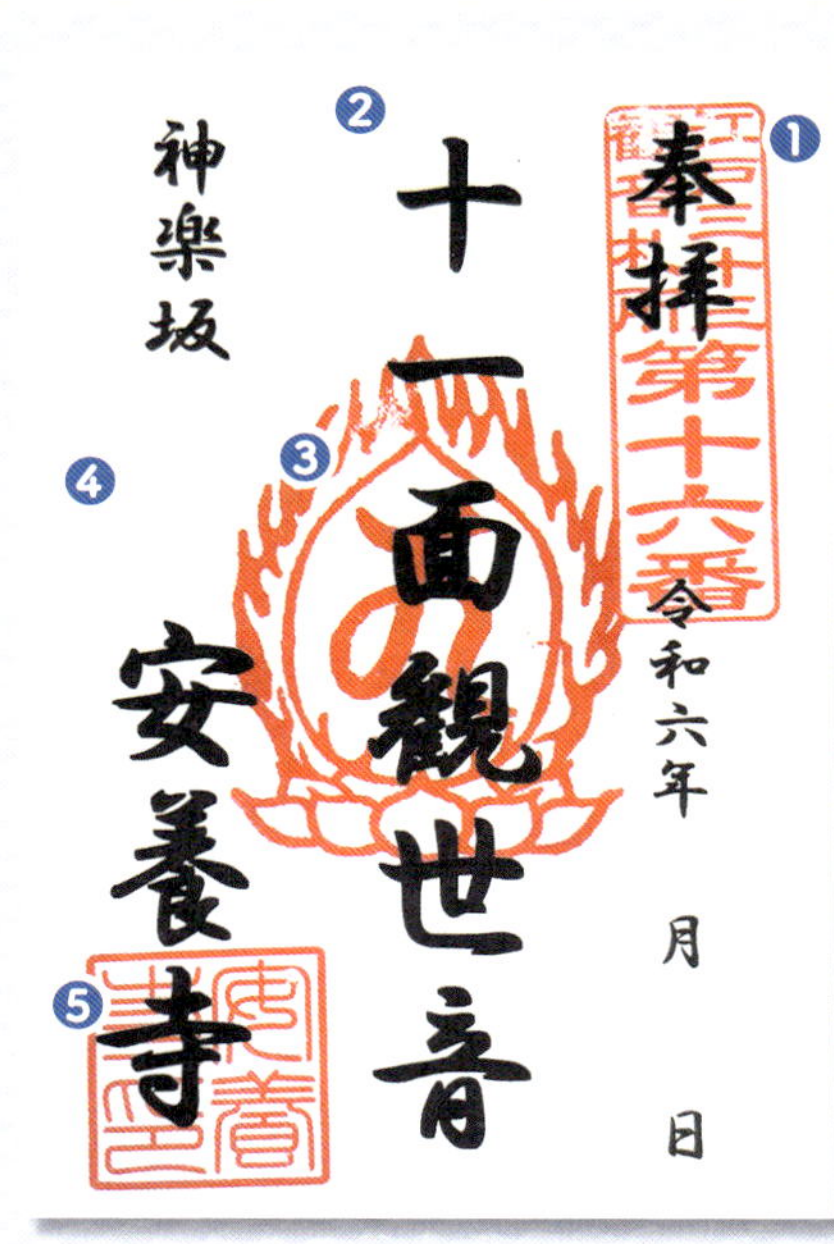

❶江戸三十三観音札所第十六番
❷十一面観世音（じゅういちめんかんぜおん）
❸梵字キャの印
❹神楽坂安養寺
❺安養寺印

▲十一面観音像。

▲薬師如来像。

第17番

如意輪山 寶福寺（ほうふくじ）

真言宗豊山派

MAP P15 ▲札所本尊は観音堂に祀られている。

■開山　信行大僧都
■本尊　如意輪観世音菩薩
■創建　不詳

—ご詠歌—

うつろなる
この世にありて
頼みする
如意の観音
宝福の寺

中野観音と呼ばれて信仰を集めた如意輪観音

諸国巡っていた聖徳太子がこの地を霊地として堂を建立し如意輪観音を安置したのがはじまりといわれているお寺です。観音堂は、弘法大師の御遠忌を記念して昭和九年（一九三四年）に改築され、札所本尊の如意輪観音は「中野観音」と云われ、観音堂に祀られています。

多くの如意輪観音は六臂ですが、寶福寺の観音様は一面二臂の珍しい如意輪観音。夕刻になると、灯りがうっすらと観音さまを照らし、美しいお姿を見ることができます。

ワンモアポイント

すぐ隣には「多田神社」があります。

●所在地
東京都中野区南台3-43-2
●電話　03-3381-7029
●アクセス
東京メトロ丸ノ内線方南町駅
2番出口より徒歩10分。
●駐車場　なし
●拝観時間　9:00～17:00
●拝観料　無料

境内には「筆塚」があります。明治三年（一八七〇年）に戸村直衛という人が「戸村塾」を開き、この塾で生徒たちと使った毛筆を供養するため、筆を地中に埋めて碑を建てたそうです。

「筆塚」筆を地中に埋めて建てられた碑。

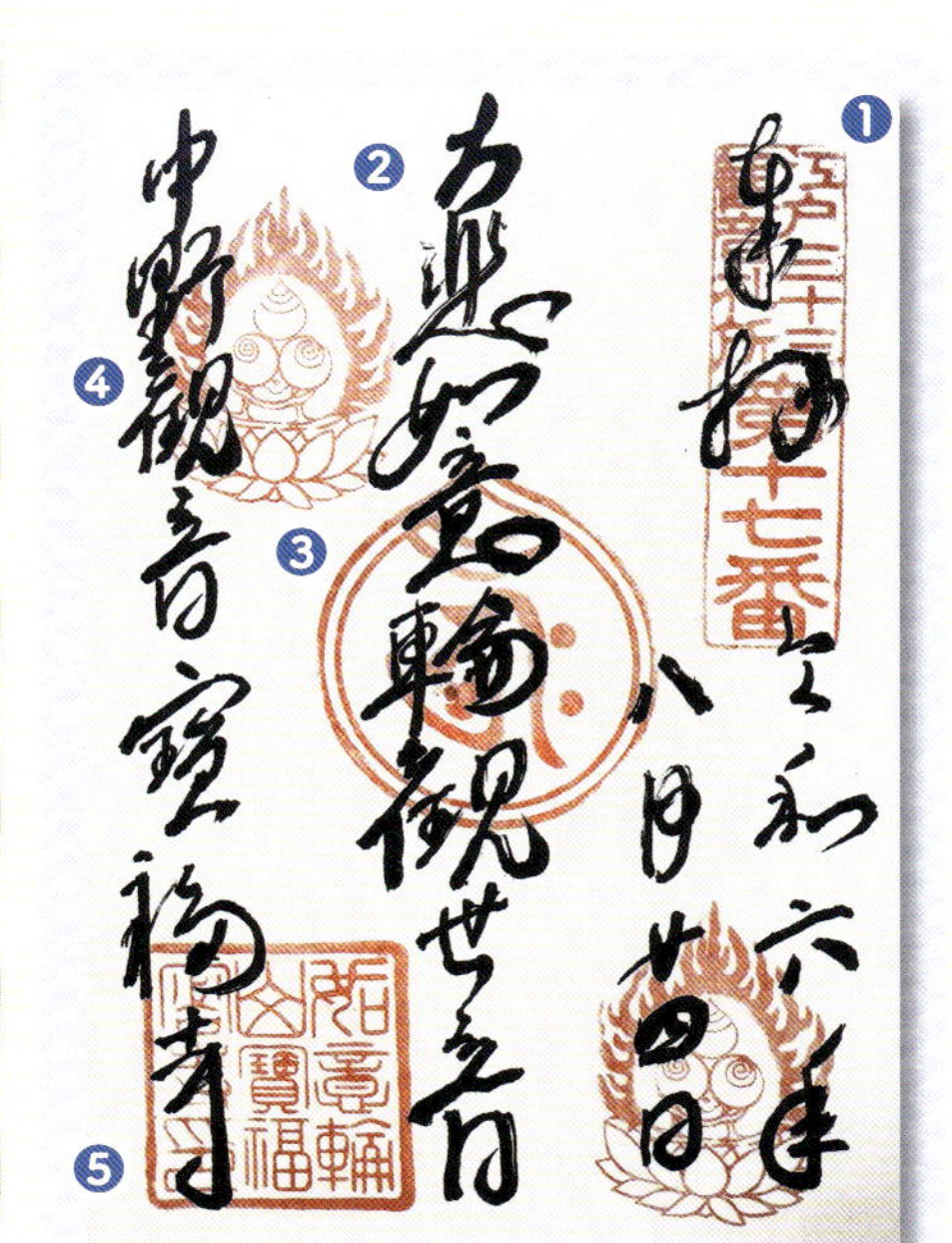

❶江戸三十三観音札所第十七番
❷大悲如意輪観音
（だいひにょいりんかんぜおん）
❸本尊を表す印　❹中野観音寶福寺
❺如意輪山寶福寺印

▲新しく建てられた観音堂。

▲緑に囲まれたお寺です。

第18番

御府内八十八ヶ所　第39番
関東九十一薬師　第13番

金鶏山 真成院（しんじょういん）

高野山真言宗

MAP P14　▲観音堂は三階にあります。

閑静な住宅街にある高野山真言宗のお寺

現在の建物は昭和四七年に建てられたもの。札所本尊の十一面観音は「潮干観音」と呼ばれており、往昔、真成院の近辺は海が近かったため、観音様の台石が潮の干満によって常に濡れていたというのが、その名の由来だそうです。お寺はビルになっており、「潮干観音」は三階の観音堂に祀られています。参拝の際には玄関の受付にその旨を伝え、ご朱印もそこでいただきます。

本堂には大日如来、阿弥陀如来、釈迦如来のほか不動明王、弘法大師が祀られています。

■開基　清心法印
■本尊　潮干十一面観世音菩薩
■創建　1598年（慶長3年）

―ご詠歌―

世も人も
変る浮世に
住む中に
変らぬ利益
潮踏の里

ワンモアポイント

難病平癒の寺としても知られています。「観音開運法（家門会出版）」はベストセラー。

●所在地
東京都新宿区若葉2-7-8

●電話　03-3351-7281

●アクセス
JR・東京メトロ丸ノ内線・南北線四ツ谷駅赤坂口より徒歩8分。新宿通りを新宿方面へ向かい、ホテル東急ステイを過ぎ、ココカラファインを左折し直進。突当りに　案内看板あり。

●拝観時間　9:30〜16:30

●拝観料　無料

真成院の入り口は坂道に面しており、「観音坂」の名称は、真成院の潮干観音に因んで付けられました。四谷は江戸時代初めから多くのお寺が集中する寺町で、坂道も多くなっています。

▲玄関の正面で真成院を鎮守している「雨宝稲荷」。

▲先代織田隆弘和尚の傘寿を記念して平成５年に建立された「延命地蔵尊」。

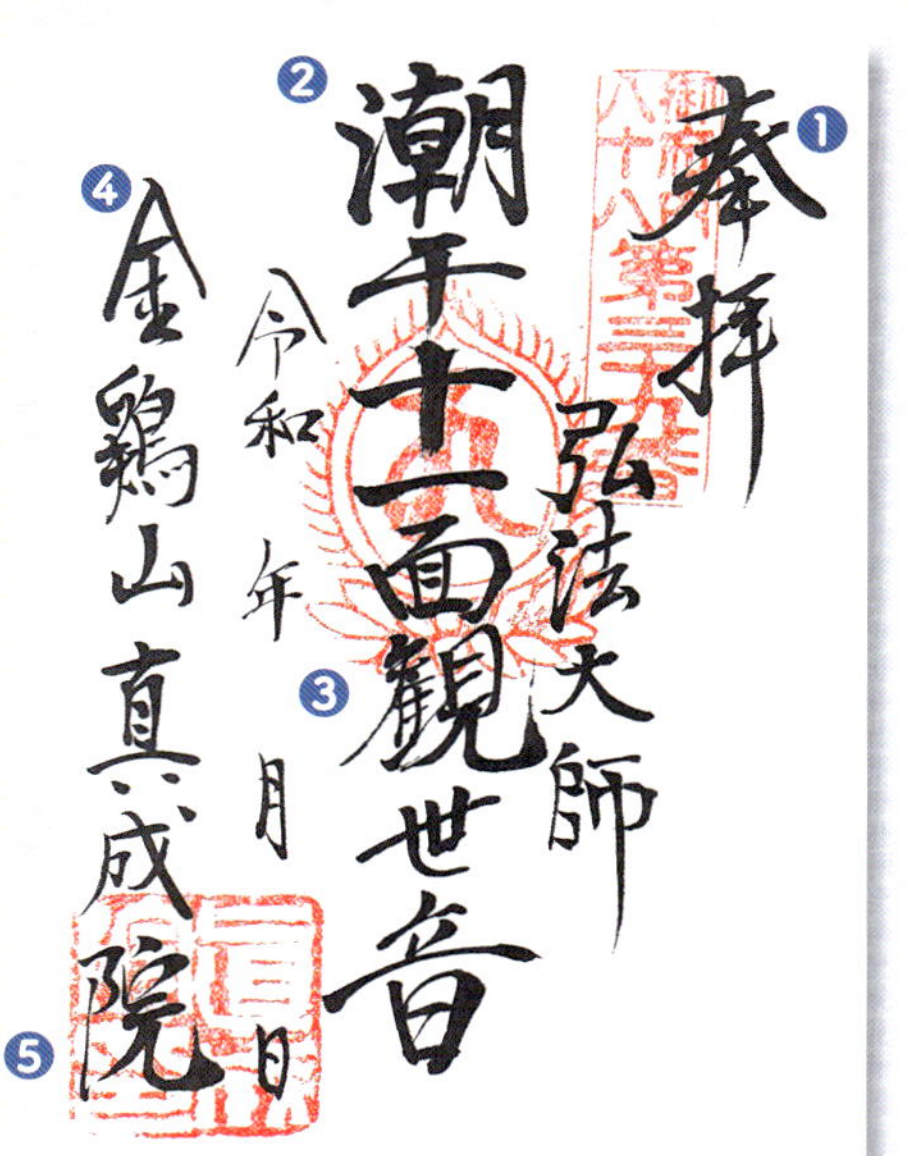

❶江戸三十三観音札所第十八番
❷潮干十一面観世音
（しおひじゅういちめんかんぜおん）
❸梵字キャの印　❹金鶏山 真成院
❺真成院印

▲お寺の前はここの潮干十一面観音にちなんで「観音坂」といいます。

第19番

医王山 東円寺（とうえんじ）

真言宗豊山派

MAP P15 ▲札所本尊が安置されている観音堂。昭和41年（1966年）に再建されました。

江戸時代には多くの参詣者が訪れたお寺

杉並区にある真言宗豊山派のお寺です。本堂は、徳川家康が入府した頃に九州から出府した三谷氏の発願により改築したと伝えられ、昭和七年に再改修されました。札所本尊の聖観世音菩薩が安置されている観音堂は、昭和四一年（一九六六年）再建のコンクリート造りの建物。金色の観音さまが、黒色の厨子の中に納められており、左右には彩色が施された千手観世音菩薩像が安置されています。

境内はきれいに整備されており、寺務所はとてもモダンな建物。ご朱印をいただく納経所は1階にあります。

■開基　祐海法印
■本尊　聖観世音菩薩
■創建　1573年（天正元年）

—ご詠歌—

あなとうと
救世の光り
今の世に
つきぬ利益ぞ
有明の月

ワンモアポイント

東京メトロ丸ノ内線方南町駅からも徒歩12分です。

●所在地
東京都杉並区和田2-18-3
●電話　03-3381-9292
●アクセス
東京メトロ丸ノ内線
中野富士見町駅より徒歩12分。左へ道なりに進む。
●駐車場　有（20台）無料
●拝観時間　8:00～17:00
●拝観料　無料

昭和七年（一九三二年）に改築された本堂には、江戸期に作られた本尊の薬師如来立像と脇侍の日光・月光菩薩像が安置されています。

昭和7年（1932年）改築の大きな本堂。

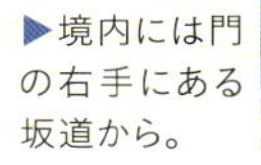
▶境内には門の右手にある坂道から。

❶江戸三十三観音札所第十九番
❷聖観世音菩薩（しょうかんぜおんぼさつ）
❸梵字サの印
❹三宝印　❺医王山 東円寺
❻東円寺

▲境内の六地蔵と鐘楼。六地蔵石像は寛政8年（1796年）に造られたものでしたが、破損がはなはだしく、近年新たに造立。

第20番

光明山 天徳寺（てんとくじ）

浄土宗

MAP P10 ▲平成17年（2005年）に新築された本堂。

将軍家及び多くの大名家の菩提寺として栄えた

浄土宗江戸四ヶ寺の一つ。開創当時は紅葉山にあり、天正一三年（一五八五年）霞ヶ関に移転、更に江戸城拡張のため慶長一六年（一六一一年）現在の地に移転しました。元和元年（一六一五年）家康公より五〇石、元和九年（一六二三年）二代秀忠公より一〇〇石の朱印を賜った御朱印寺でした。

令和六年（二〇二四年）八月現在、境内は工事中につき、立ち入りできません。完成は令和八年（二〇二六年）三月の予定です。

■開基　親誉称念上人
■本尊　聖観世音菩薩
■創建　1533年（天文2年）

—ご詠歌—

おぼろ夜の
そらあきらけき
寺の内
心にかかる
雲とてもなし

ワンモアポイント

ご朱印は仮本堂の建物右にあるインターホンから。札所本尊の観音様を拝観させていただきたいと伝えます。

●所在地
東京都港区虎ノ門3-13-6

●電話　03-3431-1039

●アクセス
東京メトロ日比谷線神谷町駅3番出口より徒歩5分。左に出て、コインパーキング脇の路地を入ると天徳寺前の道路に出る。

●拝観時間　9:00～16:45

●拝観料　無料

天徳寺は何度か火災に遭い、仮本堂は大正一二年（一九二三年）の関東大震災で焼失した直後に建てられたもの。左手の奥に平成一七年（二〇〇五年）に新築された八角二層の本堂が建っています。

2024年（令和6年）7月現在、境内は工事中で立ち入ることができず、御朱印をいただくこともできません。完成は2026年（令和8年）3月の予定です。

54、55ページの写真、文章、御朱印は工事前のものですのでご了承ください。

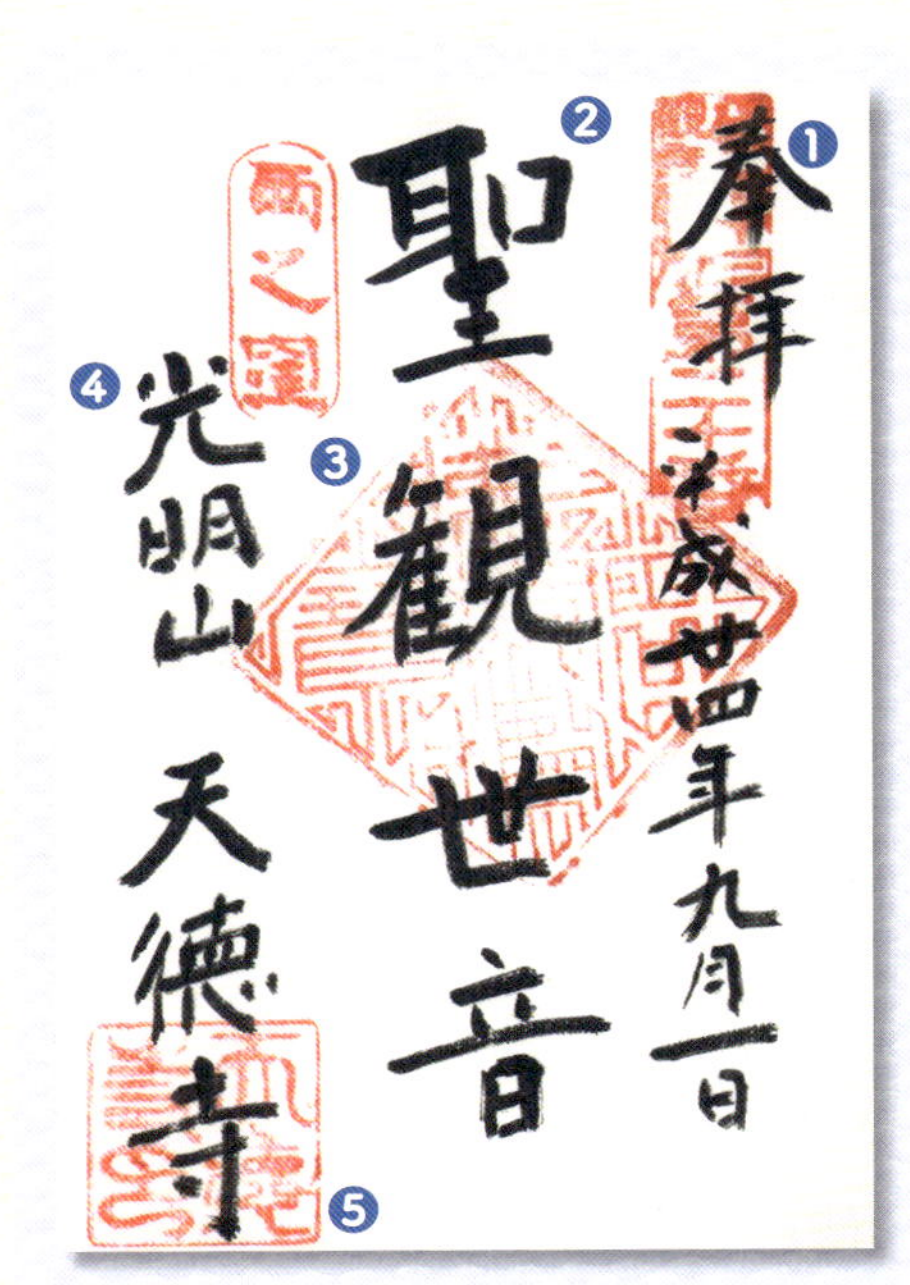

❶江戸三十三観音札所第二十番
❷聖観世音（しょうかんぜおん）
❸三宝印音
❹光明山天徳寺
❺天徳寺印

▲篆刻の大家である高芙蓉、河井荃廬の墓。

MAP P10 ▲札所本尊の西向聖観世音菩薩。

第21番

三縁山 増上寺（ぞうじょうじ）

浄土宗大本山

- 開基　酉誉聖聰上人
- 本尊　西向聖観世音菩薩
- 創建　1393年（明徳4年）

子育て招福のご利益があると伝えられる観音様

浄土宗の七大本山の一つ。安土桃山時代、徳川家康公が関東の地を治めるようになってまもなく、徳川家の菩提寺として増上寺が選ばれました。札所本尊は西を向いていることから「西向観音」と呼ばれ、安国殿手前の西向観音堂に祀られており、鎌倉時代、執権北条時頼が観音山に辻堂を建立し、石造の観音像を祀ったことにはじまると伝えられています。

大門は浜松町駅北口付近から延びていた参道に建つ総門で、現在でもコンクリート造りの門が建っています。大門から三門までの距離はおよそ一九五メートル（一〇八間）。一〇八の煩悩に由来します。

―ご詠歌―

ありがたや
西向観音に
詣る身は
現世安穏
後生極楽

ワンモアポイント

西向聖観世音菩薩は増上寺が現在の場所に移る前からこの地にあったといわれています。

●所在地
東京都港区芝公園4-7-35

●電話
03-3432-1431

●アクセス　都営地下鉄三田線御成門駅・芝公園駅より徒歩3分。

●駐車場　なし

●拝観時間　9:00～17:00
（展示室・墓所平日11:00～15:00土日祝10:00～16:00）

●拝観料
宝物展示室700円 徳川家墓所500円（高校生以下無料）
共通券1,000円

三解脱門（三門）は、幕府大工頭・中井正清とその配下により建立され、元和八年（一六二二年）に再建。江戸の初期に大造営された当時の面影を残す唯一の建造物で国の重要文化財になっています。

大殿
昭和四十九年（一九七四年）、戦災に遭って焼失した本堂が再建されました。ご本尊は阿弥陀如来。

▶三解脱門（三門）
東京都内有数の古い建造物であり、東日本最大級を誇る門です。

▶秘仏「黒本尊」が祀られている「安国殿」。

奉拝 令和 年 月 日
西向聖観世音
大本山 増上寺

❶江戸三十三観音札所第二十一番
❷西向聖観世音（にしむきせいかんぜおん）
❸梵字サの印
❹大本山増上寺
❺大本山増上寺

▲鐘楼堂に収められている大梵鐘は、江戸三大名鐘の一つに数えられています。

▲宝物展示室

江戸三十三観音
江戸六地蔵
江戸五色不動
江戸六阿弥陀
浅草名所七福神

第22番

補陀山 長谷寺（ちょうこくじ）

曹洞宗

■開山　門庵宗関禅師
■本尊　釈迦牟尼佛
■創建　1598年（慶長3年）

―ご詠歌―

うららかや
麻布の台の
長谷寺
空吹く風も
法を説く声

MAP P14　▲大観音像がお祀りされている観音堂。

木造としては国内最大級の大観音

このあたり一帯は「渋谷が原」といわれ、一角に奈良の長谷寺の本尊十一面観世音菩薩を彫造した木片で作られた、小さな同型の観世音菩薩像を安置したお堂が建っていたのがはじまりといわれています。山号の「補陀山」は、観音さまの霊場である中国の補陀洛山から命名されたそうです。

高さ三丈三尺（約十メートル）、樟の一木彫り木造の十一面観世音菩薩は、木造としては国内最大級。日本百観音霊場（西国・坂東・秩父）の土を地中に納めてあるので、お参りすると百観音を参拝した功徳があるとされています。

ワンモアポイント

正徳6年（1716年）2丈6尺の大観音を建立し古仏は尊像の体内にお納めましたが戦火で消失。

●所在地
東京都港区西麻布2-21-34
●電話　03-3400-5232
●アクセス
JR渋谷駅に下車、東口51番のりばから都営バス都01系統（新橋駅前行）に乗車、南青山七丁目で下車し、徒歩3分。
●駐車場　有（30台）無料
●拝観時間　9:00～18:00
●拝観料　無料

十一面観世音菩薩は、左手に蓮華の宝瓶を、右手には数珠をかけ錫杖を持ち、右足は半歩前進する独特の姿で、観音と地蔵両方の徳を持つとされます。

釈迦牟尼佛を中心に、文殊菩薩・普賢菩薩が安置されている「法堂」。

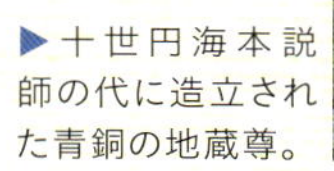

▶「僧堂」
雲水（諸国を修行して歩く僧）が坐禅をする場。

▶十世円海本説師の代に造立された青銅の地蔵尊。

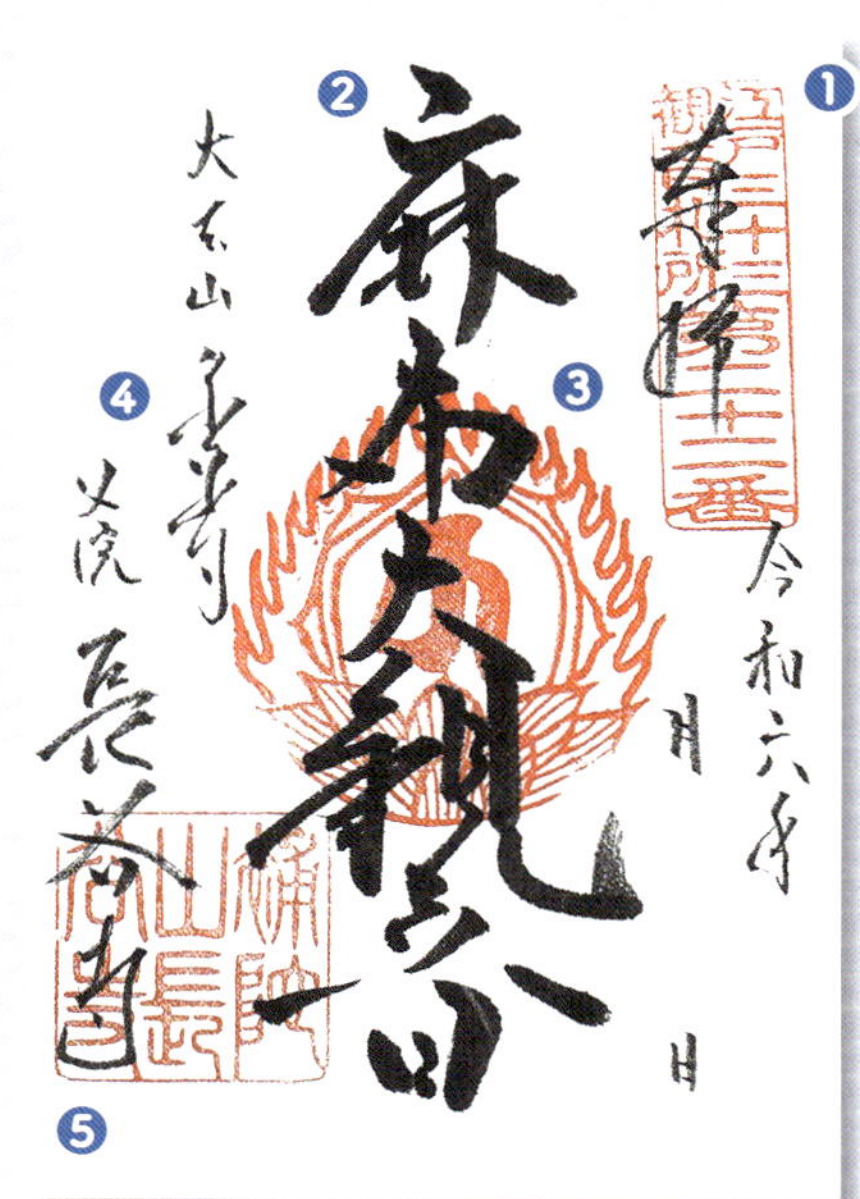

❶江戸三十三観音札所第二十二番
❷麻布大観音（あざぶだいかんのん）
❸梵字キャの印
❹大本山永平寺別院長谷寺
❺補陀山 長谷寺

▲十一面観世音菩薩
高さ三丈三尺（約10メートル）、木造として国内最大級の大観音像です。

MAP P9 ▲本堂は戦後に再建され、七観音も復元されました。

第23番 金龍山 大円寺

曹洞宗

■開基　久山正雄大和尚
■本尊　聖観世音菩薩
■創建　1603年（慶長2年）

―ご詠歌―
逆縁も
もらさで救う
観世音
我が身はなれず
添いたもうなり

「八百屋お七」にちなむほうろく地蔵や、高島秋帆、斉藤緑雨の墓所がある

神田柳原に創建され、慶安二年に現在の地へ移転しました。ご朱印に「七観音」とあるのは、昭和初頭、当時の住職が観音様のご加護によって難病を克服し、そのお礼に七体の観音様を建立したためといわれています。当時の観音様は空襲で焼け、現在の七観音は戦後に再建されました。

また、八百屋お七を供養する「ほうろく地蔵」があることでも知られており、お七の罪業を救うために自ら焦熱の苦しみを受けたお地蔵様とされ、頭痛や悩み事があるとき、炮烙を供え祈願すると、願いごとがかなうといわれます。

ワンモアポイント

墓域には、幕末の先覚者であり砲術家の高島秋帆、小説家であり樋口一葉を終生助けた斉藤緑雨が眠っています。

●所在地
東京都文京区向丘1-11-3
●電話　03-3813-1321
●アクセス
都営地下鉄三田線白山駅A2出口より徒歩7分。
●駐車場　なし
●拝観時間　9:00〜17:00
●拝観料　拝観は外から

山門を入って正面にある「ほうろく地蔵」は、お七の供養のために享保四年（一七一九年）に渡辺九兵衛という人物が寄進したといわれています。近くの「円乗寺」に、お七のお墓があります。

「ほうろく地蔵」
頭痛・眼病・耳、鼻の病などを治すお地蔵様。

◀「秋葉堂」

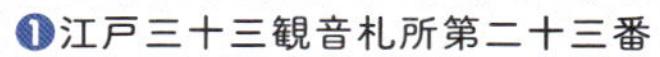

❶江戸三十三観音札所第二十三番
❷七観音（しちかんのん）
❸梵字サの印
❹金龍山 大円寺
❺大圓禅寺

▲本堂前に立つ観音像。

▲山門から正面に「ほうろく地蔵」のお堂が見えます。

第24番

長青山 梅窓院

浄土宗

MAP P14

▲平成一六年に落慶した本堂。
泰平観世音菩薩は本堂棟一階の観音堂に祀られています。

世界平和を求願する霊像として祈願されている「青山の観音さま」

銀座線外苑前駅1b出口からすぐのところにある浄土宗のお寺です。正式名称を「長青山寶樹寺梅窓院」といい、寛永二〇年（一六四三年）、徳川家康公の家臣であった老中青山大蔵少輔幸成公が逝去の時、青山公の下屋敷内に側室を大檀越として建立したといわれています。以後、青山家の菩提寺として、今日まで歴代の当主十三代が祀られています。
札所本尊の泰平観世音菩薩は本堂棟一階の観音堂に祀られています。平成一六年に落慶した本堂は、バリアフリー設計の近代的な建物です。

■開山　冠中南龍老和尚
■本尊　泰平観世音菩薩
■創建　1643年（寛永20年）

—ご詠歌—

あこがれて
天つみそらを
眺むれば
心に見ゆる
慈悲の面影

ワンモアポイント

参道は竹に囲まれて都会の喧騒を忘れさせてくれます。

●所在地
東京都港区南青山2-26-38
●電話　03-3404-8447
●アクセス
東京メトロ鉄銀座線外苑前駅
1b出口からすぐ。
●駐車場　なし
●拝観時間　8:30〜16:30
●拝観料　無料

平成一三年まで使用されてきた本堂は、大正一四年建築の和洋折衷様式の鉄筋コンクリート造りで、当時より近代的な建物とされ、青山のシンボルとしても注目されていました。

青山通りに面した入口。

◀墓地内には御開基青山家歴代の墓があります。

▲竹に囲まれた参道。

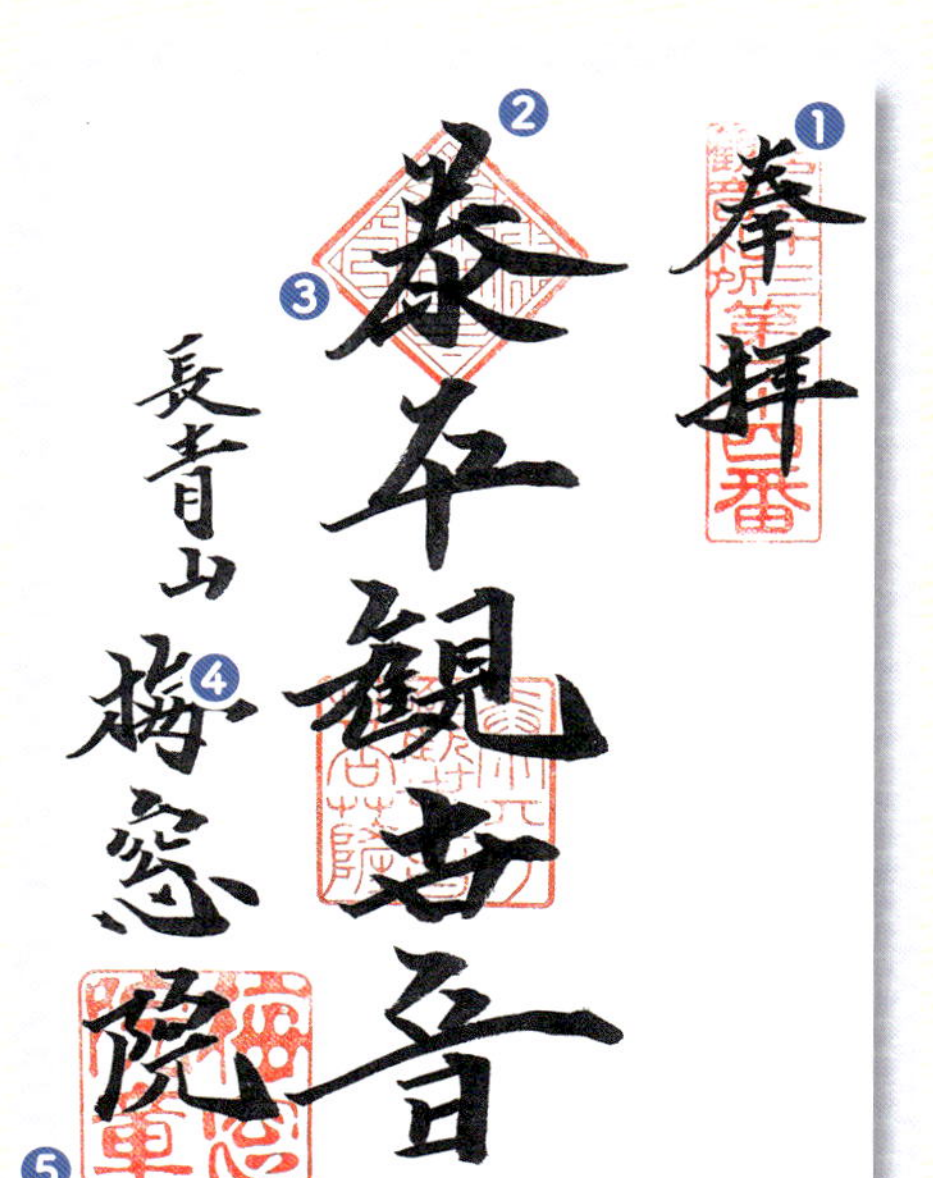

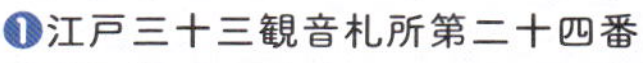

❶江戸三十三観音札所第二十四番
❷泰平観世音菩薩
（たいへいかんぜおんぼさつ）
❸本尊を表す印
❹長青山 梅窓院　❺梅窓院章

▲山門

第25番

三田山 魚籃寺（ぎょらんじ）

浄土宗

MAP P12

▲木造の本堂。

竹かごに魚を入れて売り歩く麗しい乙女のお姿の観音様

承応元年（一六五二年）、称誉上人が現在の地に観音堂を建て、魚籃観世音菩薩を祀ったのがはじまりといわれています。寺号は、ご本尊「魚籃観世音菩薩」の名に因んでつけられました。

「魚籃観世音菩薩」は、髪を唐風の髷に結んだ美しい乙女が、右手に魚を入れた竹籠を提げ、左手で裳裾を少し引き上げている立像で、乙女の姿をした仏像はめずらしいものだそうです。

また、境内には塩が大量に供えられた「塩地蔵」が安置されており、願を掛け、願い事が叶えば御礼に塩を上げます。また人に代わって災難を受けて下さるのだそうです。

■開基　法誉上人
■本尊　魚藍観世音菩薩
■創建　1630年（寛永7年）

―ご詠歌―

身をわけて
救う乙女の
魚かごに
誓の海の
深きをぞ知る

ワンモアポイント

本堂の賽銭箱に付いている寺紋は、お魚の入った竹篭がデザインされています。

●所在地
東京都港区三田4-8-34
●電話　03-3451-5677
●アクセス
東京メトロ南北線白金高輪駅
2番出口より徒歩5分。
●駐車場　有（4台）無料
●拝観時間　10:00～16:00
●拝観料　無料

「塩地蔵」
塩を備えて祈願し、願いが叶った時にはまた塩を供えます。

▶札所本尊「魚籃観世音菩薩」は6寸（18センチ）ほどの木像です。

「魚籃観世音菩薩」は魚を入れた竹籠を提げていることから、大漁祈願・魚貝類供養・海上安全・商売繁盛、受験合格などのご利益があり、旅行安全や交通安全の祈願に訪れる人もいます。

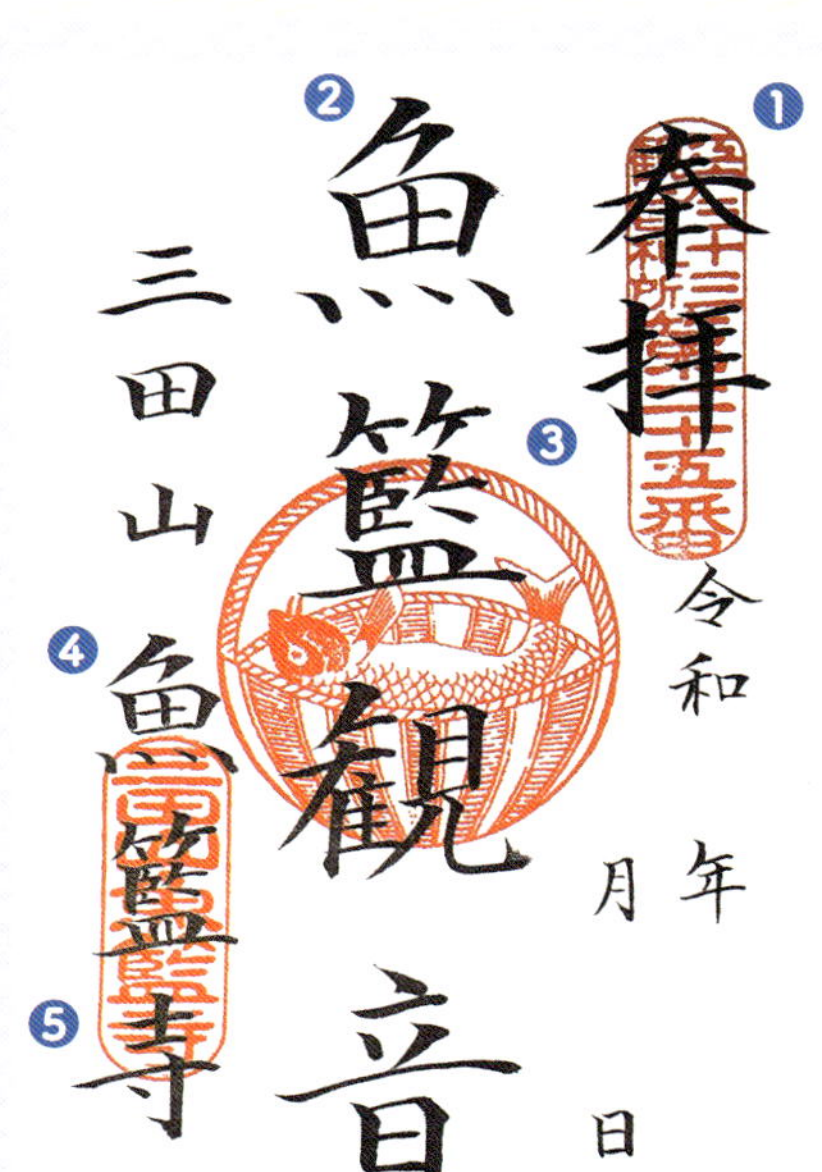

❶江戸三十三観音札所第二十五番
❷魚籃観音（ぎょらんかんのん）
❸本尊を表す印
❹魚籃寺
❺三田山魚籃寺

▲山門の横にある六地蔵さま。

▲お寺の前の「魚籃坂」の名称は、坂の途中にあるこの寺に、魚籃観音が祀られていることから付けられたと言われています。

第26番

周光山 済海寺

さい かい じ

浄土宗

MAP P12　▲札所本尊の亀塚正観世音が安置されている本堂。

更級日記に書かれている伝説の寺「竹芝寺」の跡地

元和七年（一六二一年）の創建で、はじめは寺内に亀塚があったことから「亀塚山（きちょうさん）」と称していました。札所本尊の亀塚正観世音は亀の上に立つ珍しい観音様で、本堂内に安置されています。

済海寺は「更級日記」に登場する皇女と武蔵国の武士との恋愛物語である「竹芝伝説」の「竹芝寺」の跡地に位置しており、「竹芝寺」があった場所は三田四丁目の済海寺と隣の亀塚公園あたりとされ、亀塚公園には姫の墓所と伝わる円形古墳の亀塚があります。

■開基　念無上人
■本尊　亀塚正観世音菩薩
■創建　1621年（元和7年）

―ご詠歌―

昔より
たつともしらぬ
いまくまの
ほとけのちかひ
あらたなりけり

ワンモアポイント

江戸時代には「月の岬」と呼ばれる丘陵で、海から上がる月が美しい月の名所でした。

●所在地
東京都港区三田4-16-23
●電話　03-3451-1082
●アクセス
都営地下鉄浅草線泉岳寺駅A3出口より徒歩8分。
●駐車場　なし
●拝観時間　開門～16:00
●拝観料　無料

安政六年（一八五九年）、日本最初のフランス公使館（現代の大使館）が設置された場所。現在の済海寺本堂敷地と、西隣の富山県東京出張所敷地がかつてのフランス公使宿館跡にあたります。

平成18年に新築された観音堂。

▶亀塚霊神祀跡

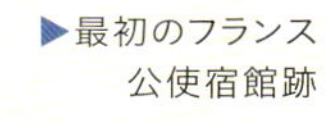
▶最初のフランス公使宿館跡

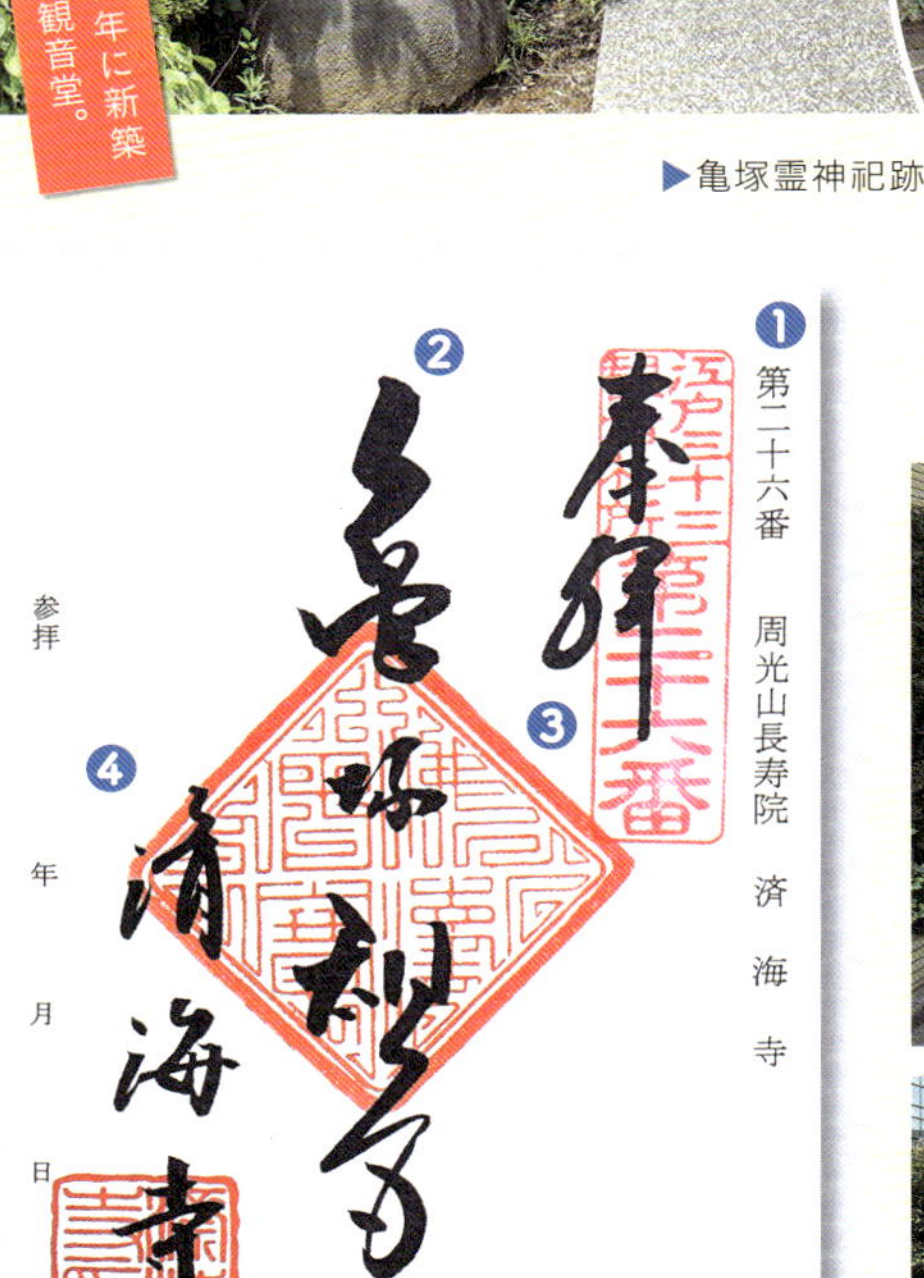

❶江戸三十三観音札所第二十六番
❷亀塚観音
❸三宝印
❹済海寺
❺済海寺印

▲「幽霊坂」と山門
坂の両側に寺院が並び、ものさびしい坂であるため、この名がついたといわれています。

第27番

来迎山 道往寺（どうおうじ）

浄土宗

▲全面的に大規模立て替え工事が行われました。

■本尊　聖観世音菩薩・千手観世音菩薩
■創建　1661年〜1673年（寛文年間）

―ご詠歌―

かかるに
うまれあうみの
あなうやと
おもはでたのめ
十こえひとこえ

現代的で風情あるお寺

二〇一三年に大規模立て替えが行われた道往寺。観音堂には聖観世音菩薩・千手観世音菩薩を中心に御前立像、西方三十三観音霊場各所の札所本尊の像が一堂に祀られています。また、先々代観音堂の擬宝珠が安置されています。

また、本堂には本尊の阿弥陀如来像が正面中央の一番の高見に座しており、音響設備も整い、法要だけではなく、日本を学ぶ和塾や各種音楽コンサート、ヨガなども行われ、誰でも気軽に参加できます。

ワンモアポイント

本堂での各種催し物はそれぞれ有料。詳細は問い合わせを。

●所在地
東京都港区高輪2-16-13
●電話　03-3446-7676
●アクセス
東急本線・都営浅草線泉岳寺駅
A3出口より徒歩1分
●駐車場　あり（有料）
●拝観時間　9:00〜16:00
●拝観料　なし

観音堂には、 に道往寺の歴代住職が奉った西国三十三霊場の本尊に倣った観音像が一堂に祀られています。

聖観世音菩薩・千手観音菩薩。

❶江戸三十三観音札所　第二十七番
❷聖・千手観世音

（しょう・せんじゅ　かんぜおん）
❸三宝印　❹道往寺
❺高輪道往寺

▲山門。

▲本堂へと続く参道。

第28番

勝林山 金地院（こんちいん）

臨済宗 南禅寺派

MAP P10 ▲八角形をした洋風の本堂。

■開山　円照本光国師
■本尊　聖観世音菩薩
■創建　1619年（元和5年）

—ご詠歌—

そのかみの
祇園精舎を
名におえる
寺のみほとけ
おがむうれしさ

東京タワーの真ん前にあるお寺

開山は南光坊天海（慈眼大師）と共に「黒衣の宰相」と呼ばれた金地院崇伝（以心崇伝）。元和五年（一六一九年）の創建で、当初は江戸城田安門内にあり、寛永一五年（一六三八年）、三大将軍家光公の命により、現在の地に移築されました。崇伝は京都金地院と江戸金地院を行き来しながら政務を補佐したといわれており、現在も金地院は「南禅寺東京出張所」です。

当時の伽藍と御本尊の如意輪観音像は昭和二〇年三月一〇日の東京大空襲で全て焼失し、現在の本堂は昭和三一年に再建されたもので、新刻の聖観世音菩薩が奉安されています。

ワンモアポイント

東京タワーの展望台から金地院を眺めると本堂が八角形をしているのがわかります。

●所在地
東京都港区芝公園3-5-4
●電話　03-3431-1026
●アクセス
東京メトロ日比谷線神谷町駅
1番出口より徒歩8分。
●駐車場　有（参拝者用）無料
●拝観時間　9:00～17:00
●拝観料　無料

江戸時代の金地院の境内地であった敷地に、昭和33年に建てられたのが東京タワーです。当時はそれほど広大な敷地であったことがわかります。

近辺の芝公園にある十体地蔵尊。

◀境内にたつ水子地蔵尊。

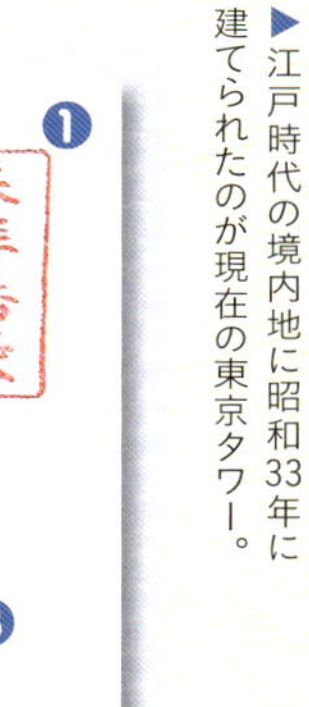

▶江戸時代の境内地に昭和33年に建てられたのが現在の東京タワー。

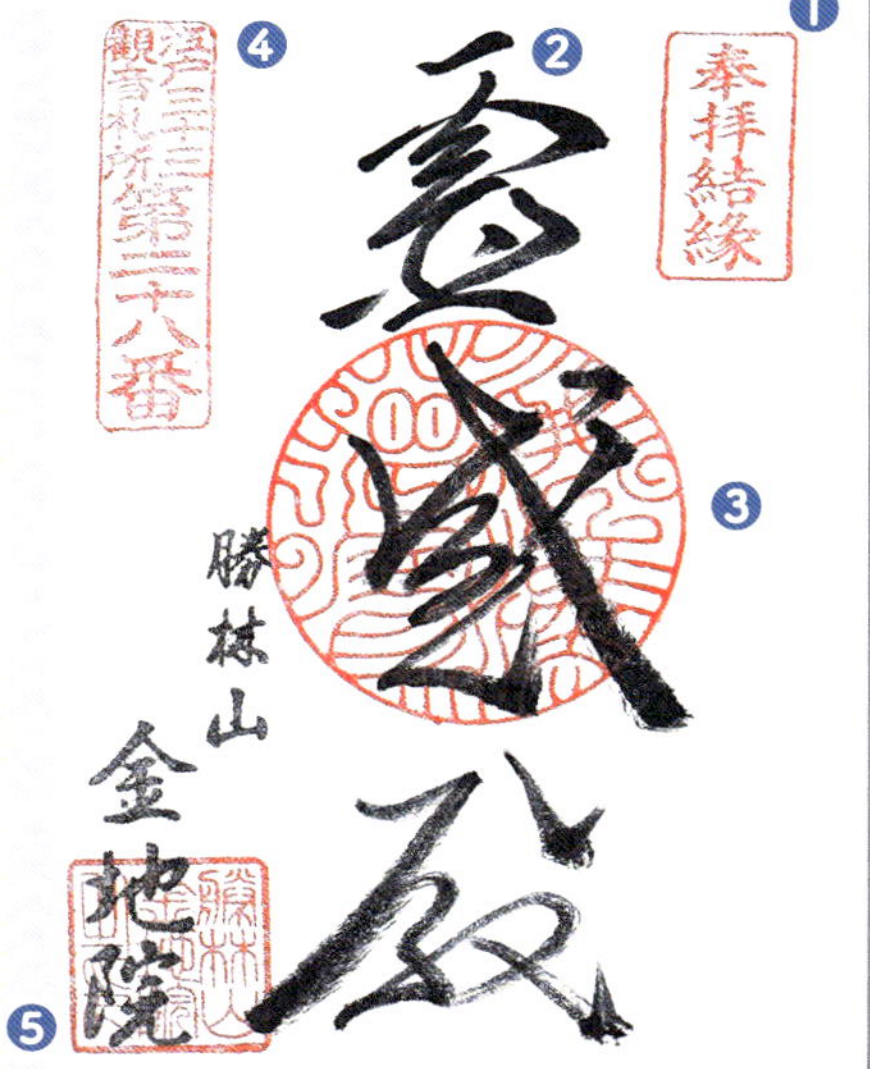

❶奉拝結縁
❷霊感殿　❸三宝印
❹江戸三十三観音札所第二十八番
勝林山金地院
❺勝林山金地院

▲参道

MAP P12 ▲本堂は昭和63年春に落慶。

第29番

御府内八十八ヶ所　第1番
関東八十八ヶ所　特別霊場

高野山 東京別院

高野山真言宗

■本尊　聖観世音菩薩
■創建　1673年（延宝元年）

—ご詠歌—

ありがたや
高野の寺の
観世音
大慈大悲に
すがるうれしさ

高野山真言宗 総本山金剛峯寺の別院

慶長年間、江戸に徳川幕府が開かれた際、高野山学侶方の江戸在番所として、浅草の日輪寺を借りて開創したのがはじまりといわれています。幕府より下賜された芝二本榎（現高輪3丁目）に延宝元年（一六七三年）高野山江戸在番所高野寺として正式に建立され、昭和二年に「高野山東京別院」と改称されました。

本尊は弘法大師で、弘法大師霊場の御府内八十八ヶ所霊場第一番札所。江戸三十三観音霊場の札所本尊「聖観世音菩薩」は、高野山東京別院四世増舜大阿闍梨が高野山青巌寺より奉持して安置したものです。

ワンモアポイント

本尊弘法大師のご縁日は毎月21日（3・7・9・10月を除く）。

●所在地
東京都港区高輪3-15-18
●電話　03-3441-3338
●アクセス
都営地下鉄浅草線高輪台駅A1出口より徒歩9分。
●駐車場　有（10台）無料
●拝観時間　9:00～17:00
●拝観料　無料

漫画「北斗の拳」の人気キャラクター、主人公ケンシロウとの戦いの末に命を落としたラオウの「昇魂式」が開催されたことでも知られています。

◀仏足石
下に描かれた矢印はブッダガヤの方向を示しています。

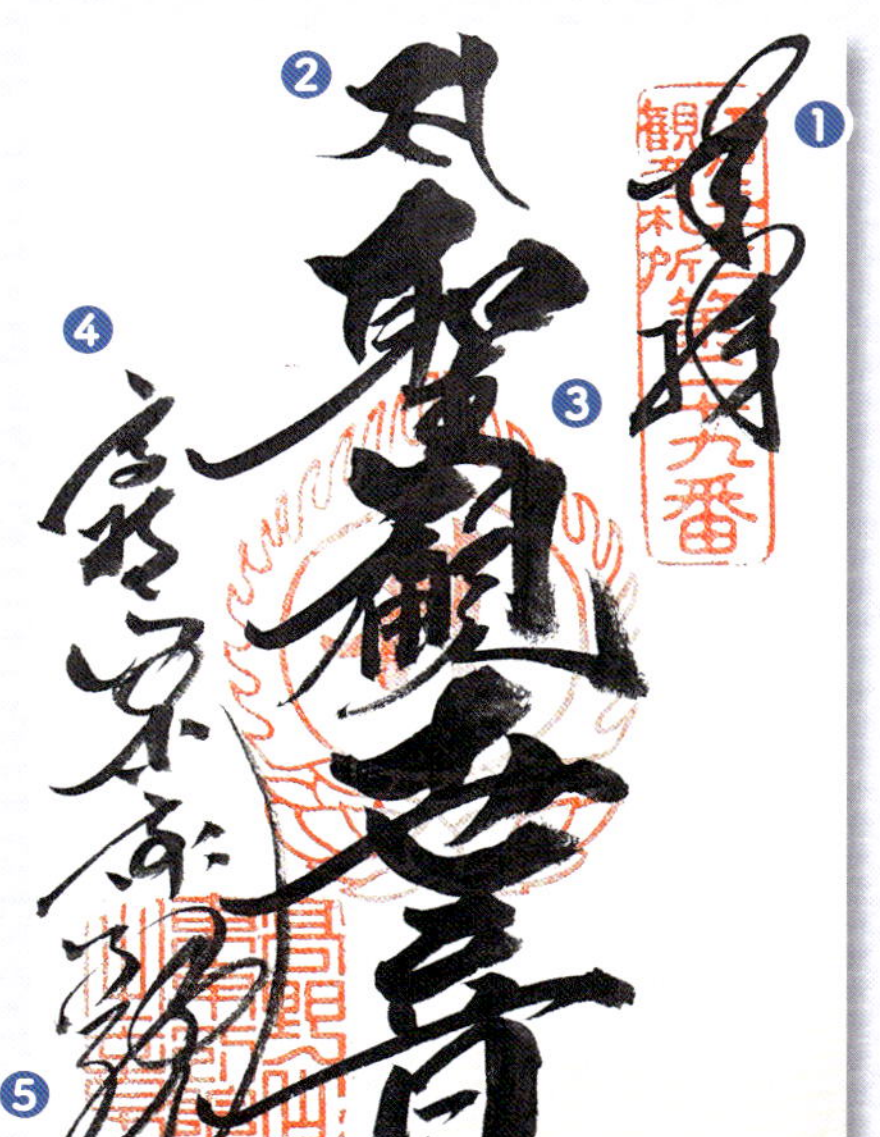

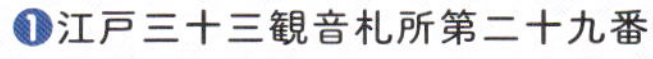

❶江戸三十三観音札所第二十九番
❷梵字＋聖観音（サ・しょうかんのん）
❸梵字サの印
❹高野山東京別院
❺高野山東京別院

▲広々とした境内に大きな本堂があり、都会の真ん中ということを忘れてしまいそうです。

▶山門。隣は高輪警察署です。

第30番
東海七福神　寿老人

豊盛山 一心寺

真言宗智山派

MAP P13　▲京都本願寺の宮大工伊藤氏によって、本願寺と同じ方法と材料を使用して建てられた本堂。

旧東海道品川宿にある小さなお寺

安政二年（一八五四年）、当時の大老井伊直弼により開山され、町民代表などによって建立されたと伝えられています。安政の大火によって焼失し、明治八年に再建され、昭和の御代になって、成田山分身の不動明王を本尊とし、品川成田山と称されています。

一心寺は小さなお寺で、山門を入るとすぐに本堂が建っています。本堂には本尊の不動明王、札所本尊の聖観世音菩薩像、東海七福神の寿老人などが安置されており、延命や商売の護り神として信仰されています。

■開基　井伊直弼公
■本尊　聖観世音菩薩
■創建　1854年（安政2年）

—ご詠歌—
ありがたや
東海道之道筋に
聖之御利益頂いて
背にして道往く
姿かな

ワンモアポイント

成田山分身の不動明王を本尊とし、延命、商売繁盛の守りとして信仰を集めています。

●所在地
東京都品川区北品川2-4-18
●電話　03-3471-3911
●アクセス
京急本線新馬場駅より徒歩4分。右方向に歩き、旧東海道との交差点を左折し、北品川本通り商店会を行くと右手に一心寺がある。
●駐車場　なし
●拝観時間　9:00～16:00
●拝観料　無料

聖蹟公園は江戸時代に品川宿の本陣があった場所に造られた公園。大政奉還の後、京都から江戸に向かった明治天皇がこの本陣に宿泊されたことから「聖蹟（公園）」と名付けられました。

山門を入ると左手にある「水掛不動」

▲成田山分身の不動明王を本尊とし、品川成田山と称されています。

▶近くの「聖蹟公園」。

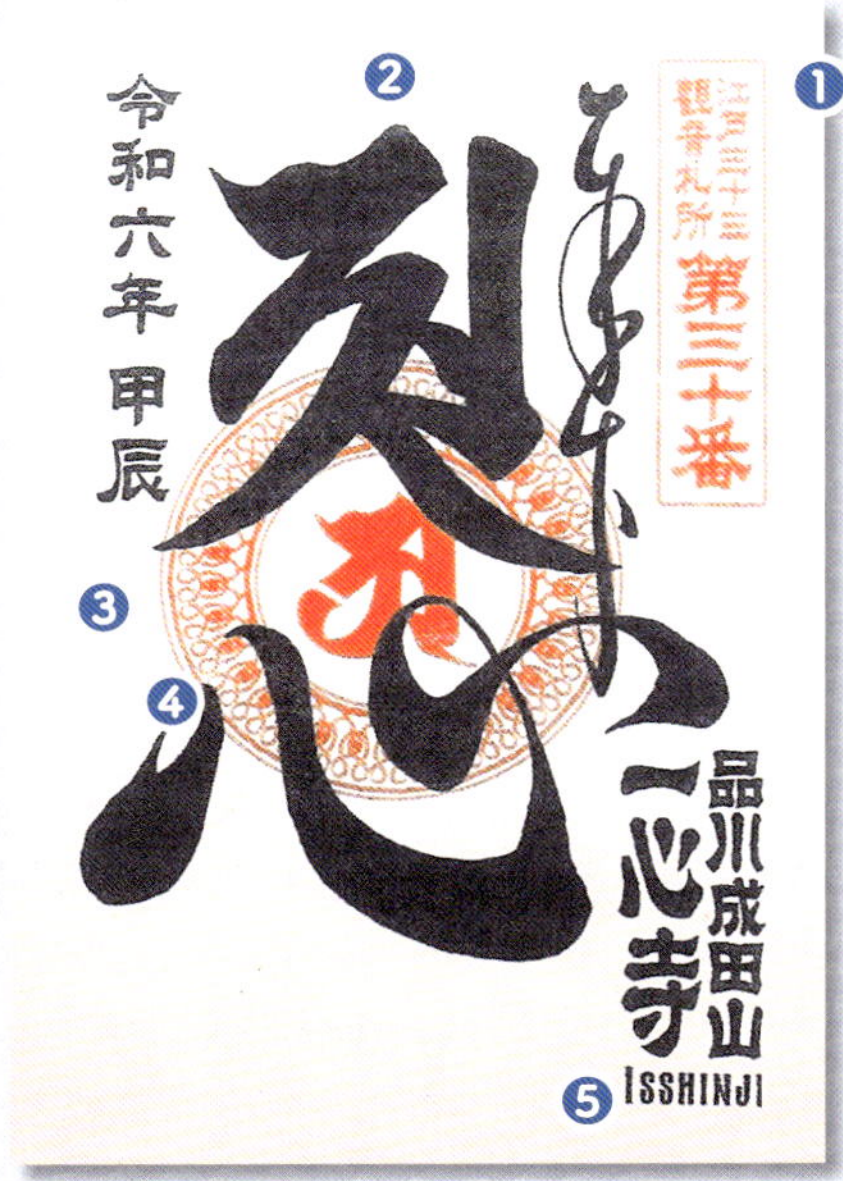

❶江戸三十三観音札所第三十番
❷梵字＋心（ア・しん）
❸梵字アの印
❹一心寺
❺豊盛山延命院一心寺

▲江戸時代この橋を境にして北品川宿と南品川宿が分けられていました。

MAP P13
▲本堂内には、本尊の水月観音、聖観音の他に東海七福神の毘沙門天なども安置されています。

第31番

江戸六地蔵　第１番
東海三十三観音霊場　第21番

海照山 普門院 品川寺（ほんせんじ）

真言宗醍醐派 別格本山

■開山　弘法大師空海
■本尊　水月観世音菩薩・聖観世音菩薩
■創建　806年～810年（大同年間）

—ご詠歌—

夕つぐる
鐘の響きに
帰りませ
救世の観音
ここにましります

通称「しながわでら」弘法大師が開山したという由緒あるお寺

大同年間（八〇六年～八一〇年）に開創された品川で最も古いお寺です。本尊の「水月観音（すいげつかんのん）」は、弘法大師空海上人がこの地の領主、品河（しなかわ）氏に授けたのがはじまりといわれています。

その後、太田道灌が江戸城を築き、城に移るとき、この地に伽藍を建立し、観音堂を「金華山普門院大円寺（きんかざん・ふもんいん・だいえんじ）」と号しました。水月観音は、武田信玄によって品川一帯が焼き払われた際、一時は甲州に持ち出されましたが、現在の地に戻され、安置されました。

ワンモアポイント

江戸六地蔵の青銅製坐像（座高2.75m）は江戸・神田鍋町の鋳物師・太田駿河守正義によって鋳造されたもの。

●所在地
東京都品川区南品川3-5-17
●電話　03-3474-3495
●アクセス
京急本線青物横丁駅より徒歩4分。
●駐車場　なし
●拝観時間　9:00～17:00
●拝観料　無料

境内の大梵鐘は徳川三代の将軍、家康・秀忠・家光の供養のために、京都三条の鋳物師・大西五郎左衛門によって鋳造され、四代将軍・徳川家綱によって寄進されました。

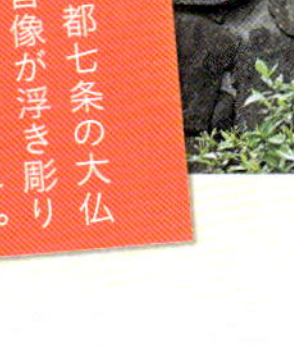

大梵鐘
徳川三代の将軍の号と京都七条の大仏師・康斎による6体の観音像が浮き彫りにされ、観音経一巻が陰刻されています。

▶山門

▶品川寺の入口は旧東海道に面しています。

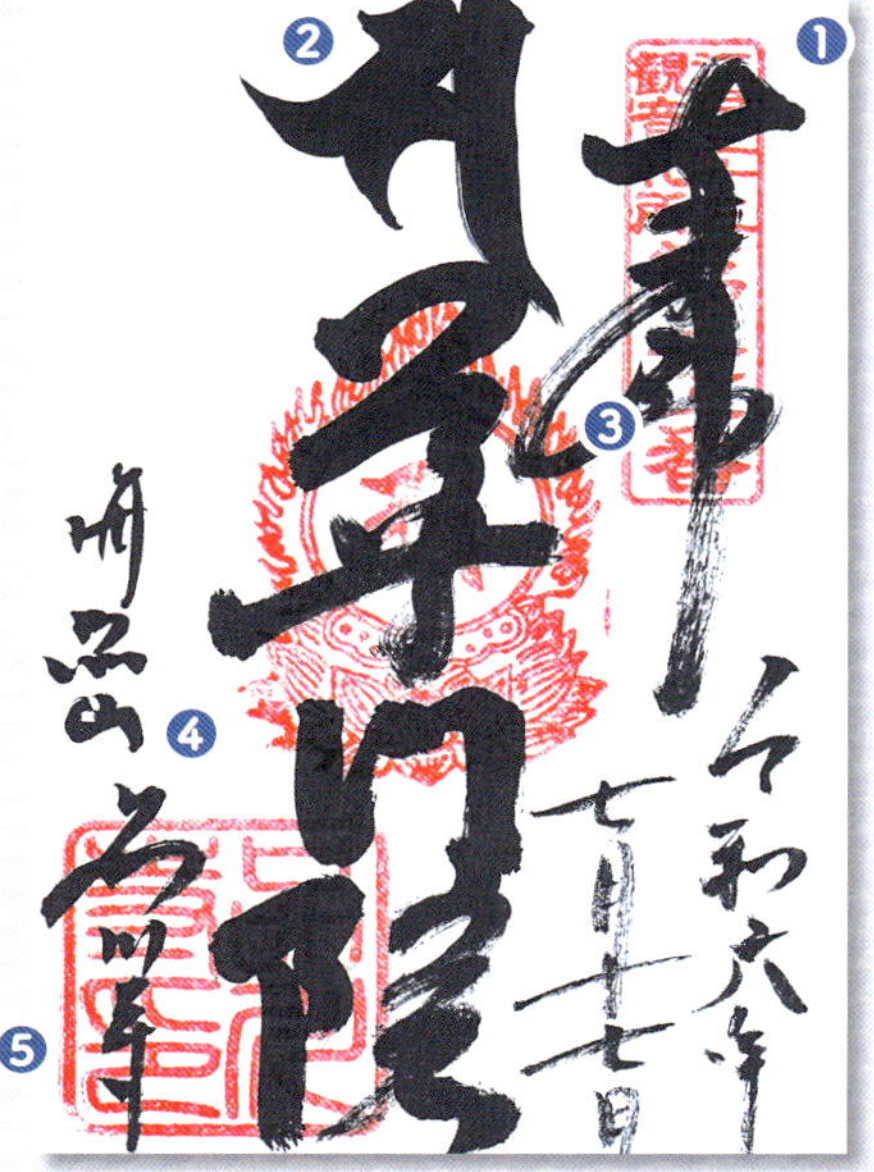

❶江戸三十三観音札所第三十一番
❷梵字＋普門院（サ・ふもんいん）
❸梵字サの印
❹品川寺
❺品川寺印

▲品川区指定天然記念物イチョウの木。幹囲5メートル35センチ、樹高25メートル,樹齢は約600年。

第32番

世田谷山 観音寺

単立

MAP P15 ▲開基睦賢和尚が独力で建立した単立の祈願寺。

八大童子を従えた不動明王像は国内では二体だけの貴重な文化財

通称「世田谷観音」。昭和二十六年、事業家だった太田睦賢和尚が私財を投じて建立したお寺です。区内では新しいお寺ですが、文化財を多く有しています。

山門から参道を進むと右手にある阿弥陀堂は、京都の二条城より移築されたもので、三層の建物は金閣寺を模したものといわれています。その向かい側にある六角堂（不動堂）には、国の重要文化財である「不動明王」と「八大童子」が奉安されています。参道奥の観音堂（本堂）に札所本尊である「聖観世音菩薩」が奉安されています。

■開基　睦賢和尚
■本尊　聖観世音菩薩
■創建　1951年（昭和26年）

—ご詠歌—

ありがたや
その名聞こえし
世田谷の
大悲したいて
まいれもろびと

ワンモアポイント

毎月28日のお不動様御縁日には、不動堂の御開扉（14:00〜15:30）があります。

●所在地
東京都世田谷区下馬4-9-4

●電話　03-3410-8811

●アクセス
東急東横線祐天寺駅で下車し、東急バス黒06系統（三軒茶屋行）に乗車、世田谷観音で下車。

●駐車場　有（10台）無料

●拝観時間
平日　9:00〜16:00
土日祝　9:00〜12:00

●拝観料　無料

本堂左側のお堂は「特攻観音堂」と呼ばれるお堂で、陸・海軍二体の特攻平和観音尊像が奉安されています。また、お堂の左手前には、故吉田茂総理の書による「世界平和の礎」の碑が建っています。

「特攻観音堂」太平洋戦争に命を捧げた特攻隊員の英名が二体の平和観音尊像胎内に奉蔵されています。

▶金閣寺を模したものといわれている「阿弥陀堂」。

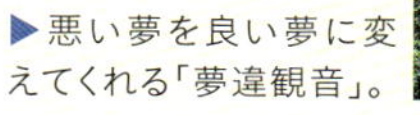

▶悪い夢を良い夢に変えてくれる「夢違観音」。

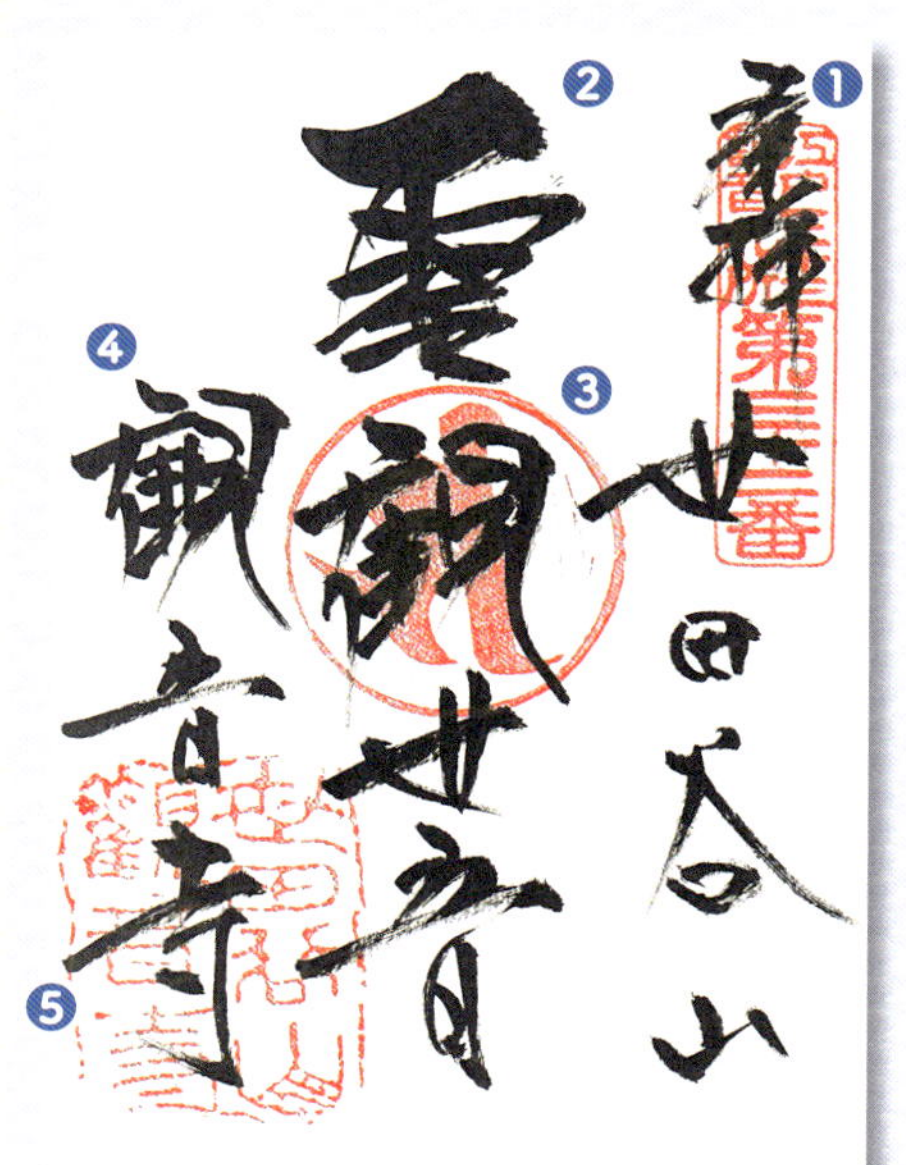

❶江戸三十三観音札所第三十二番
❷聖観世音（しょうかんぜおん）
❸梵字サの印
❹世田谷山観音寺
❺世田谷山観音寺

▲「あゝ特攻勇士之像」。

第33番

関東三十六不動霊場
第18番

泰叡山 瀧泉寺（りゅうせんじ）

天台宗

MAP P15 ▲札所本尊の聖観世音菩薩が祀られている観音堂。

江戸三十三観音の結願札所は目黒不動尊の聖観音さま

大同三年（八〇八年）、慈覚大師が開創したといわれており、不動明王を本尊とし、関東最古の不動霊場として、熊本の木原不動尊、千葉の成田不動尊と併せて日本三大不動の一つです。

仁王門をくぐると正面に大本堂へ至る急な石段見えます。左側には独鈷の滝（とっこのたき）、前不動堂、勢至堂など、右側には地蔵堂、観音堂、阿弥陀堂などがあり、札所本尊の聖観世音菩薩は八尺ほどの容姿端麗な立像で、千手観音、十一面観音とともに観音堂に祀られています。

■開基　慈覚大師円仁
■本尊　聖観世音菩薩
■創建　808年（大同3年）

―ご詠歌―

身と心
願いみちたる
不動滝
目黒の杜に
おわす観音

ワンモアポイント

御本尊の目黒不動尊は霊夢に現れた尊容を大師が自ら彫刻されたものです。

●所在地
東京都目黒区下目黒3-20-26
●電話　03-3712-7549
●アクセス
東急目黒線不動前駅より徒歩12分。
●駐車場　なし
●拝観時間　9:00～16:30
●拝観料　無料

徳川三代将軍家光公が「目黒御殿」と称されるほど壮大な堂塔迦藍（どうとうがらん）を造営し、それ以来、幕府の保護が厚く、江戸近郊におけるもっとも有名な参拝行楽の場所となりました。

阿弥陀三尊（観音・勢至・阿弥陀）を祀る阿弥陀堂。

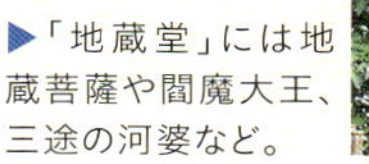

▶「大本堂」。
本尊の「不動明王」は秘仏。

▶「地蔵堂」には地蔵菩薩や閻魔大王、三途の河婆など。

▲「独鈷の瀧」と「水かけ不動」。

▲山門（仁王門）。

❶江戸三十三観音札所第三十三番
❷聖観世音（しょうかんぜおん）
❸梵字サの印
❹瀧泉寺
❺目黒不動尊瀧泉寺印

番外

龍吟山 海雲寺（かいうんじ）

曹洞宗

▲十一面観世音菩薩を本尊として祀る本堂。

▲千躰三宝大荒神王が祀られている「千躰荒神堂」。

▶「力石」。案内板には「この石はその当時からこの場所にあり、元気な若者の汗が染み込んだものです。石にふれてお元気を出して下さい。文字は寄せ文字家元・橘右近師匠の奉納揮毫です。」とあります。

札所本尊は創立当時の十一面観世音菩薩

当初は臨済宗で庵瑞林（あんずいりん）といい、海晏寺境内にあったお寺でしたが、慶長元年（一五九六年）海晏寺五世分外祖耕和尚を開山として曹洞宗に改められたのを機に、寛文元年（一六六一年）に海雲寺となりました。

札所本尊は仏師春日の作と伝えられる十一面観世音菩薩で、創建当時から安置されています。

■開基　不山東用和尚
■本尊　十一面観世音菩薩
■創建　1251年（建長3年）

MAP P13

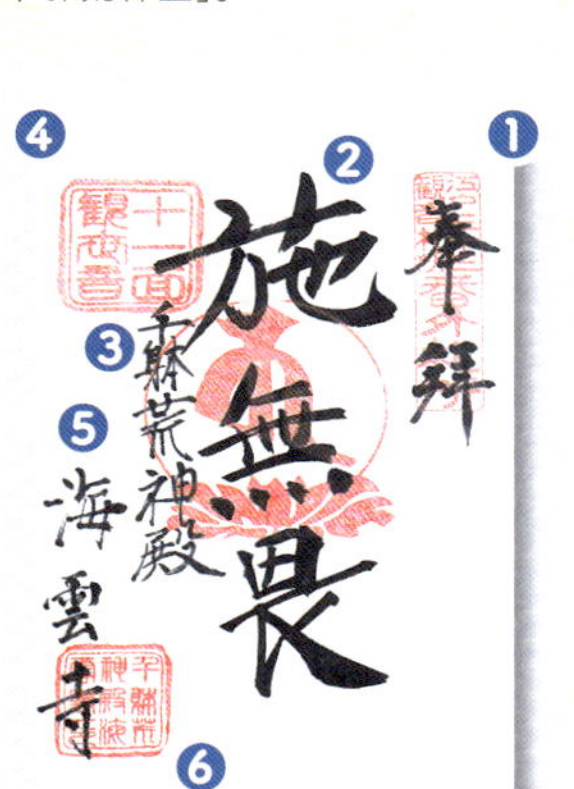

❶江戸三十三観音札所番外札所
❷施無畏（せむい）
❸梵字キャの印
❹十一面観世音
❺千躰荒神殿海雲寺
❻千躰荒神殿海雲寺印

●所在地／東京都品川区南品川3-5-21
●電話／03-3471-0418
●アクセス／京急線青物横丁駅から徒歩2分
●駐車場／有（数台）無料　●拝観時間　9:00～17:00
●拝観料／無料

―ご詠歌―

龍吟じ　品川の海に　雲おこり
み仏の慈悲　ありがたきかな

江戸六地蔵

江戸六地蔵めぐりMAP

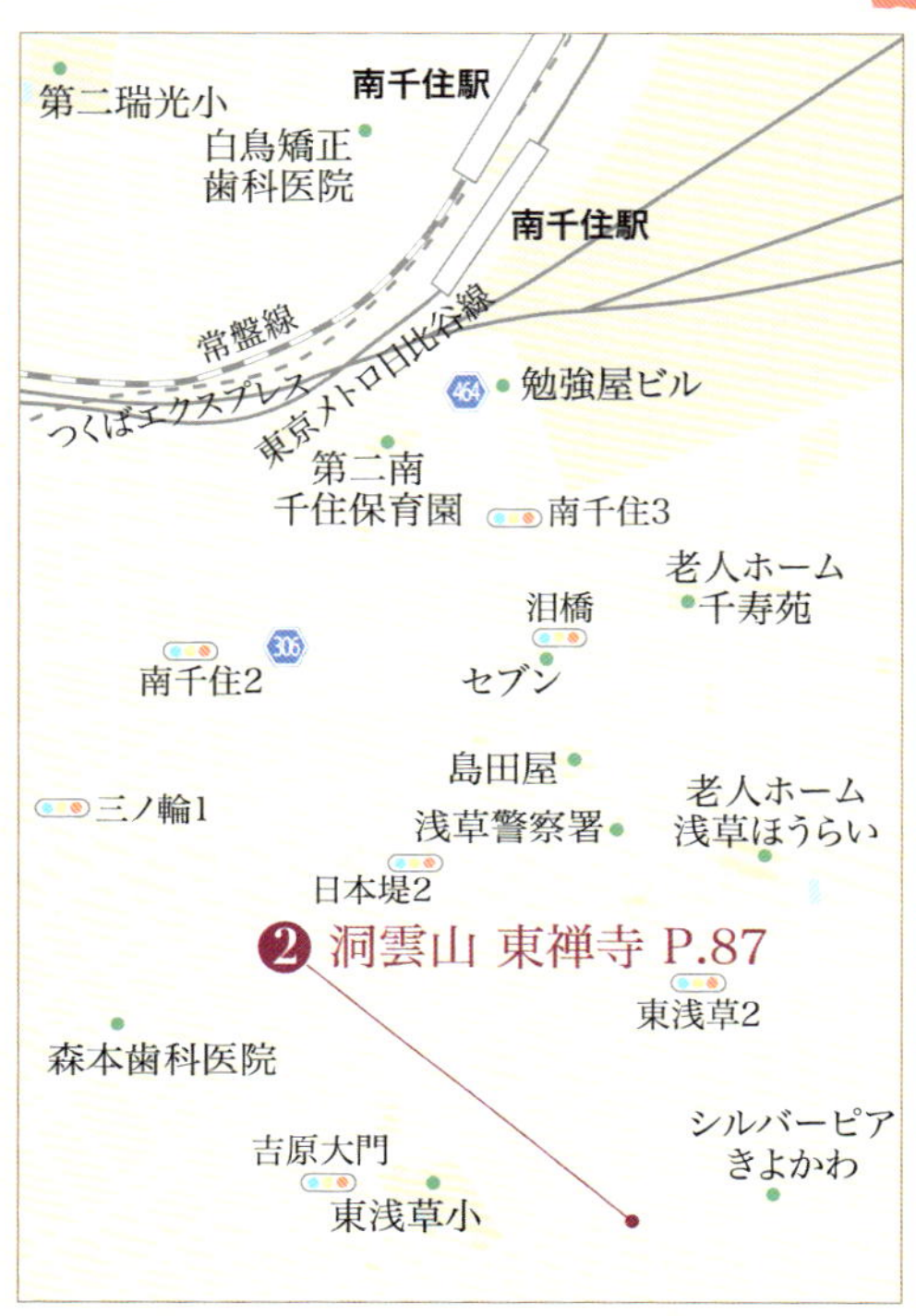

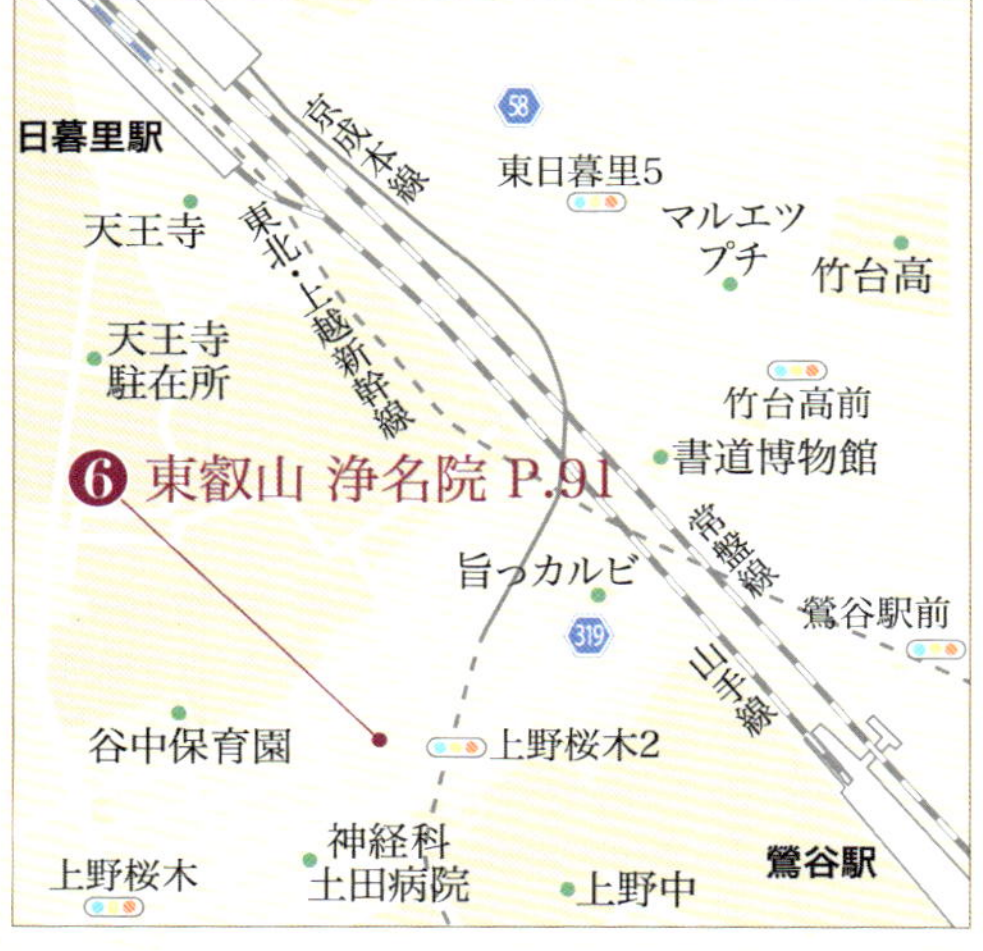

2 洞雲山 東禅寺 ▶ 5 道本山 霊厳寺 ▶ 旧6 大栄山 永代寺 ▶ 1 海照山 普門院 品川寺

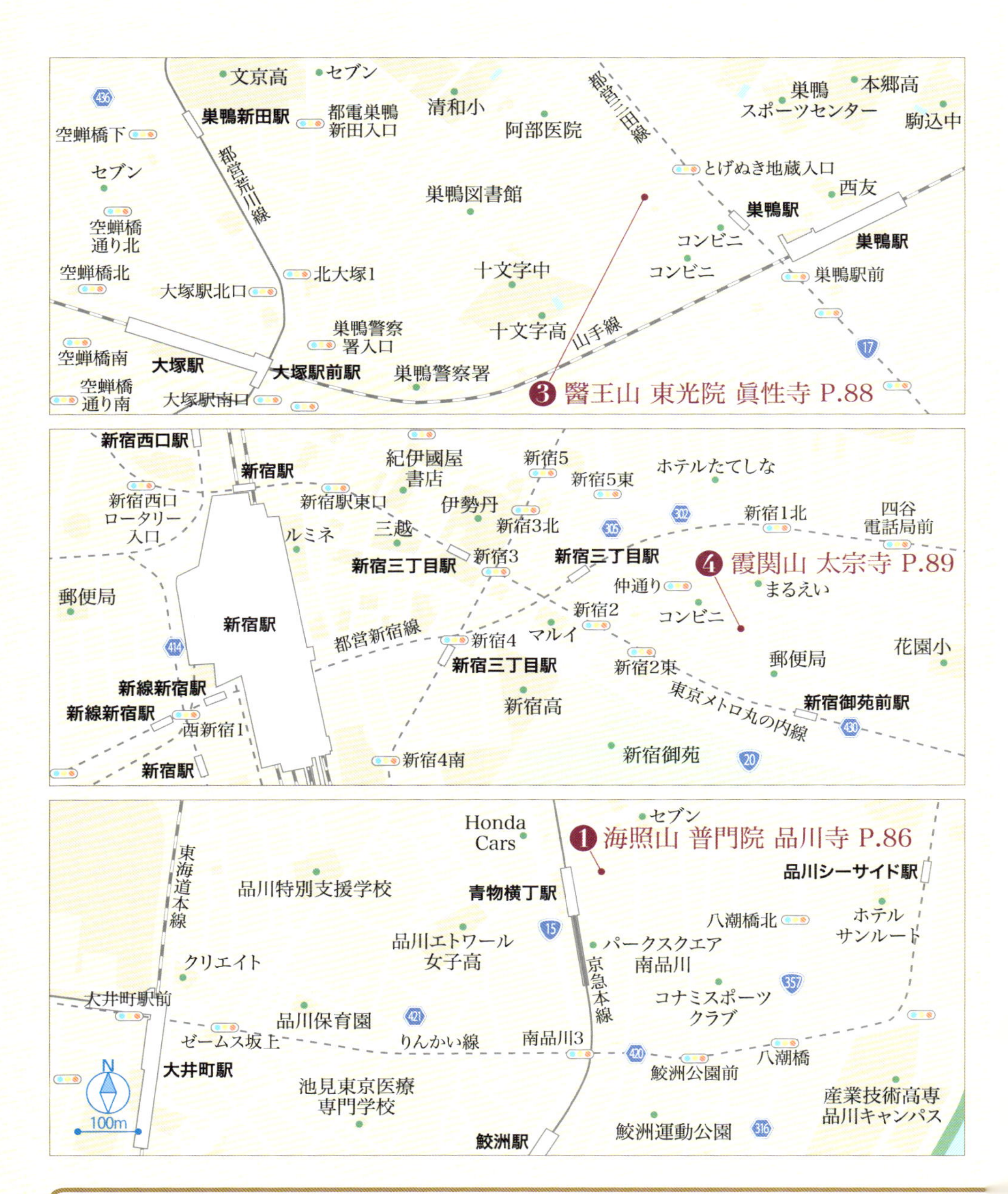

1日で7カ所めぐるコース

❹ 霞関山 太宗寺 ▶ ❸ 醫王山 東光院 眞性寺 ▶ ❻ 東叡山 浄名院 ▶

第1番
江戸三十三観音札所 31番

海照山 普門院 品川寺（ほんせんじ）

真言宗 醍醐派

▲高さ2.75メートルもある、大きなお地蔵様です。

▲山門をくぐると、右手の一番奥が本堂です。

▲品川で最も古いお寺です。

港町として栄えた、東海道を見守ってきたお地蔵様

品川寺は、弘法大師空海によって開山された、品川でもっとも古い歴史を持つお寺です。江戸六地蔵とは、江戸に出入りする六つの街道の入口にそれぞれ一体ずつ安置されたもので、品川寺の地蔵菩薩坐像は旧東海道に面して坐っており、太田駿河守正義によって鋳造され、青銅製で高さが二・七五メートルある大きなものの。他の六地蔵とは違い、傘を被っていないのが特徴です。

■開山　弘法大師空海
■開祖　太田道灌公
■本尊　水月観世音菩薩・聖観世音菩薩
■創建　806年～810年（大同年間）

MAP P85

❶東京地蔵尊第一番
❷梵字＋東海道一番 江戸六地蔵尊（サ・とうかいどういちばんえどろくじぞうそん）
❸地蔵尊を表す印
❹別格本山品川寺
❺品川寺印

●所在地／東京都品川区南品川3-5-17　●電話／03-3474-3495
●アクセス／京急本線青物横町駅より徒歩4分
●駐車場／なし　●拝観時間／9:00～17:00
●拝観料／無料

第2番

洞雲山 東禅寺(とうぜんじ)

曹洞宗

▲お地蔵様は、300年もの間、江戸から東京の街を見守り続けています。

▲下町の住宅地にあるお寺です。

▲銀座木村屋総本店の創業者・木村安兵衛夫妻の像。

奥州街道の旅人の安全を祈願して建てられたお地蔵様

寛永元年、哲州和尚により創建されたお寺です。

江戸六地蔵第二番である銅像地蔵菩薩坐像は、宝永七年、奥州街道の旅人の安全を祈願して街道の入口にある東禅寺に建立されたもので、笠を被って、静かに瞑想しているかのように鎮座しています。地蔵尊の隣にはあんパンの祖「木村屋總本店」の創業者として知られる、木村安兵衛夫婦の銅像があります。

■開山　哲州和尚
■開祖　格州和尚
■本尊　釈迦牟尼仏
■創建　1624年（寛永元年）

MAP P84

●所在地／東京都台東区東浅草2-12-13　●電話／03-3873-4212
●アクセス／東京メトロ日比谷線南千住駅南口より徒歩15分
●駐車場／なし
●拝観時間／9:00～17:00　●拝観料／無料

❶福寿延命
❷梵字＋奥州街道
江戸六地蔵尊
（サ・おうしゅうかいどう
えどろくじぞうそん）
❸地蔵尊を表す印
❹東浅草東禅寺
❺曹洞宗洞雲山東禅寺

▲お地蔵様は笠をかぶって本堂の左に静かに鎮座されています。

第3番

醫王山 東光院 眞性寺（しんしょうじ）

真言宗 豊山派

▲眞性寺への巡礼が「巣鴨」発展の基になったともいわれています。

▲「志ら露も　古保連ぬ萩のう禰里哉」芭蕉の句碑。

中山道を見守ってきた唐銅製のお地蔵様

昔は中山道の出入口として栄えていた「巣鴨地蔵通り商店街」の入口に建つお寺です。

眞性寺の地蔵尊は、太田駿河守正義によって江戸六地蔵六体のうち四番目に作られた唐銅製の坐像で、蓮花台を含めると三・四五メートルにもなる大きなものです。十一月に行われる「菊まつり」の頃は、境内に菊が飾られ、多くの参拝者で賑わいます。

■開祖　行基菩薩
■本尊　薬師如来
■創建　不詳

MAP P85

①江戸六地蔵尊第三番
②梵字＋中山道
江戸六地蔵尊
（カ・なかせんどう
えどろくじぞうそん）
③地蔵尊の印
④巣鴨眞性寺
⑤醫王山東光院眞性寺

●所在地／東京都豊島区巣鴨3-21-21　●電話／03-3918-4068
●アクセス／JR山手線・都営三田線巣鴨駅A3出口より徒歩3分
●駐車場／なし　●拝観時間／自由
拝観料／無料

第4番

霞関山 太宗寺（たいそうじ）

浄土宗

▲江戸六地蔵の中では最も小さなお地蔵さま。

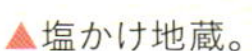

▲塩かけ地蔵。

▲閻魔大王と奪衣婆像が安置されている「閻魔堂」。

甲州街道を見守るお地蔵様

太宗寺は、慶長元年頃、人々の信望も篤かった「太宗」という僧がこの地に建てたといわれる「太宗庵」を起源とするお寺です。甲州街道の旅人を見守る太宗寺の銅造地蔵菩薩坐像は、江戸六地蔵の中で最も小ぶりな坐像となっております。境内には閻魔堂があり、「閻魔大王」と「奪衣婆像」が安置されていることでも有名です。

■開山　念誉故心学玄和尚
■開祖　太宗
■本尊　阿弥陀如来
■創建　1596年（慶長元年）

MAP P85

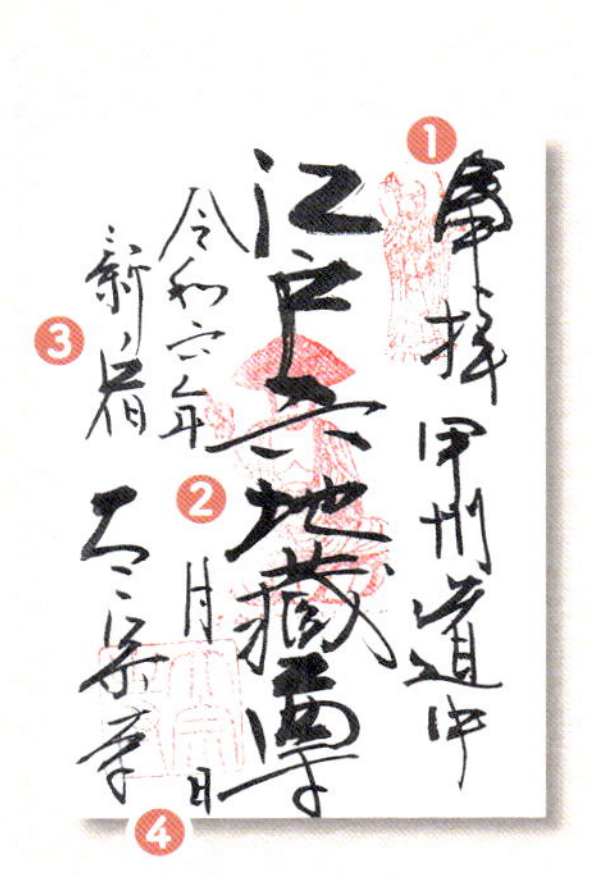

❶甲州道中江戸六地蔵尊（こうしゅうどうちゅうえどろくじぞうそん）
❷地蔵尊の印
❸新宿太宗寺
❹太宗寺印

●所在地／東京都新宿区新宿2-9-2　●電話／03-3356-7731
●アクセス／東京メトロ丸の内線新宿御苑前駅出口3より下車徒歩２分
●駐車場／なし　●拝観時間／9:00〜17:00
●拝観料／無料

▲金色だったお地蔵様。

▲勢至丸さま（幼少の法然上人）。

▲松平定信公や今治松平家、本多家など大名のお墓があります。

道本山 霊巌寺（れいがんじ）

浄土宗

■開山　雄誉霊巌上人
■開祖　雄誉霊巌上人
■本尊　阿弥陀如来
■創建　1624年（寛永元年）

MAP P84

金色だったお地蔵様

霊巌寺は、寛永元年に、雄誉霊巌上人によって江戸霊巌島（現在の中央区）に開創されたお寺で、振袖火事によって焼失し、現在地に移転されました。

霊巌寺の地蔵尊は、元々は金箔が塗られていたもので、他の江戸地蔵のものに比べて手の爪が長いとされています。植木の中にひっそりと佇んでおり、台座が低いため、近くからその尊容を拝むことができます。

❶東海印
❷梵字＋江戸六地蔵
（サ・ふかがわえどろくじぞうそん）
❸地蔵尊の印
❹深川　霊巌寺
❺霊巌寺印

●所在地／東京都江東区白河1-3-32　●電話／03-3641-1523
●アクセス／都営大江戸線・東京メトロ半蔵門線清澄白河駅A3出口より徒歩2分。
●駐車場／なし　●拝観時間／9:00〜17:00
●拝観料／無料

第6番

東叡山 浄名院（じょうみょういん）

天台宗

▲境内にある青銅製の地蔵菩薩坐像。

▲本尊「阿弥陀如来」が祀られている本堂。

▲境内には奉納された二万四千体の地蔵。

境内で「六地蔵めぐり」ができるようになっています

上野寛永寺三十六坊の一つとして創建されたお寺です。寛文六年（一六六六年）の創建で、享保八年（一七二三年）に浄名院と改名されました。境内にある青銅製の地蔵菩薩坐像は、深川永代寺が明治維新の廃仏毀釈によって廃寺となり、お地蔵様も毀されてしまったため、明治三九年に建立されました。境内には八万四千体地蔵といわれるたくさんの石のお地蔵様が並んでいます。

■開山　圭海大僧都
■本尊　阿弥陀如来・地蔵菩薩
■創建　1666年（寛文6年）

MAP P84

❶江戸地蔵六番霊場
❷梵字＋江戸 六番地蔵尊（カ・えどろくばんじぞうそん）
❸地蔵尊の印
❹東叡山浄名院
❺東叡浄名

●所在地／東京都台東区上野桜木2-6-4　●電話／03-3828-2791
●アクセス／JR山手線鶯谷駅北口より徒歩7分
●駐車場／有（10台）無料　●拝観時間／9:00〜17:00
●拝観料／お心持ち（院内修繕中につき）

江戸三十三観音
江戸六地蔵
江戸五色不動
江戸六阿弥陀
浅草名所七福神

大栄山 永代寺（えいたいじ）

高野山真言宗

▲現在の永代寺もお地蔵さまが多く地蔵堂もあります。

▲富岡八幡宮別当永代寺跡の石碑。

▲深川公園
永代寺があった碑のみが深川公園にあります。

六地蔵の代仏は上野の浄名院に安置されている

寛永四年（一六二七年）、永代島に創建され、江戸時代には「富岡八幡宮」の別当寺として栄え、江戸六地蔵の第六番札所でもありましたが、明治初年の神仏分離・廃仏毀釈により廃寺となりました。しかし、同二九年、由緒ある法灯を継承すべく、塔頭の一つ「吉祥院」を「永代寺」と改称し、今日に至っています。御府内八十八ヶ所の第六十八番札所であり、また、旧安置所ということで六地蔵の御朱印を押しています。

■開山　長盛上人
■本尊　歓喜天尊
■創建　1627年（寛永4年）

MAP P84

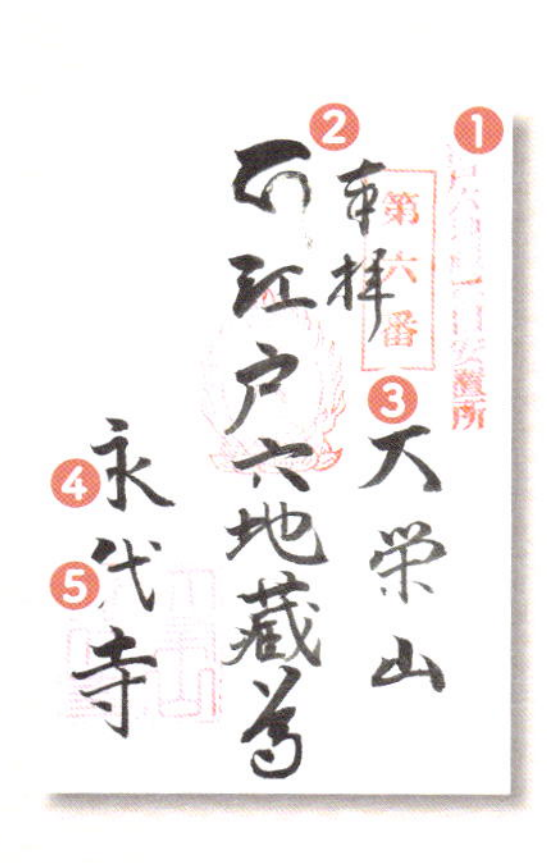

❶江戸六地蔵尊旧安置所
❷梵江戸六地蔵尊
❸梵字サの印
❹大栄山永代寺
❺大栄山永代寺

●所在地／東京都江東区富岡1-15-1　●電話／070-4817-4064
●アクセス／都営大江戸線・東京メトロ東西線門前仲町駅出口1より徒歩1分
●駐車場／なし　●拝観時間／9:00～17:00
●拝観料／無料

江戸五色不動

江戸五色不動めぐりMAP

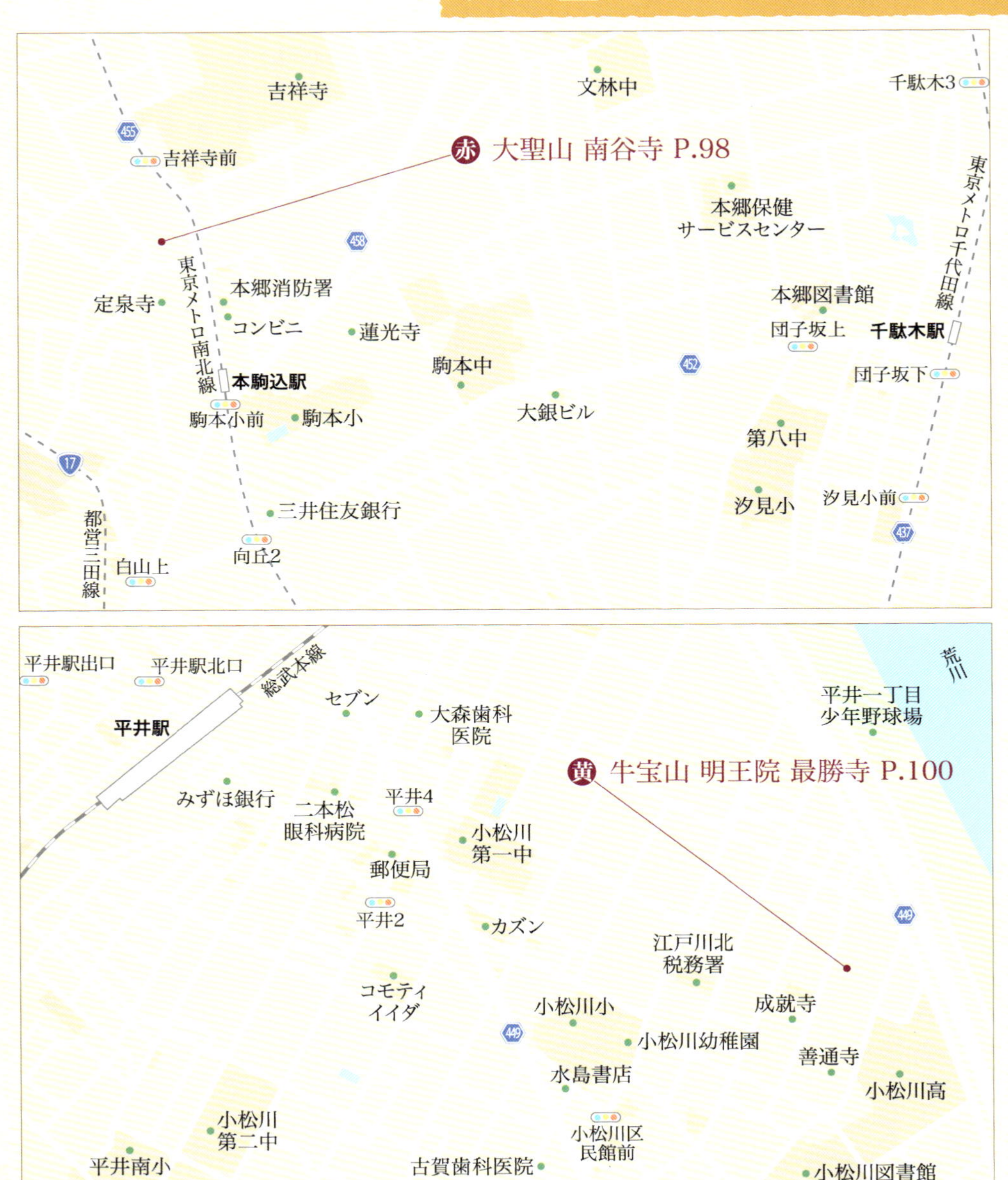

白 神霊山　慈眼寺 金乗院 ▶ 赤 大聖山 南谷寺 ▶ 黄 牛宝山 明王院 最勝寺

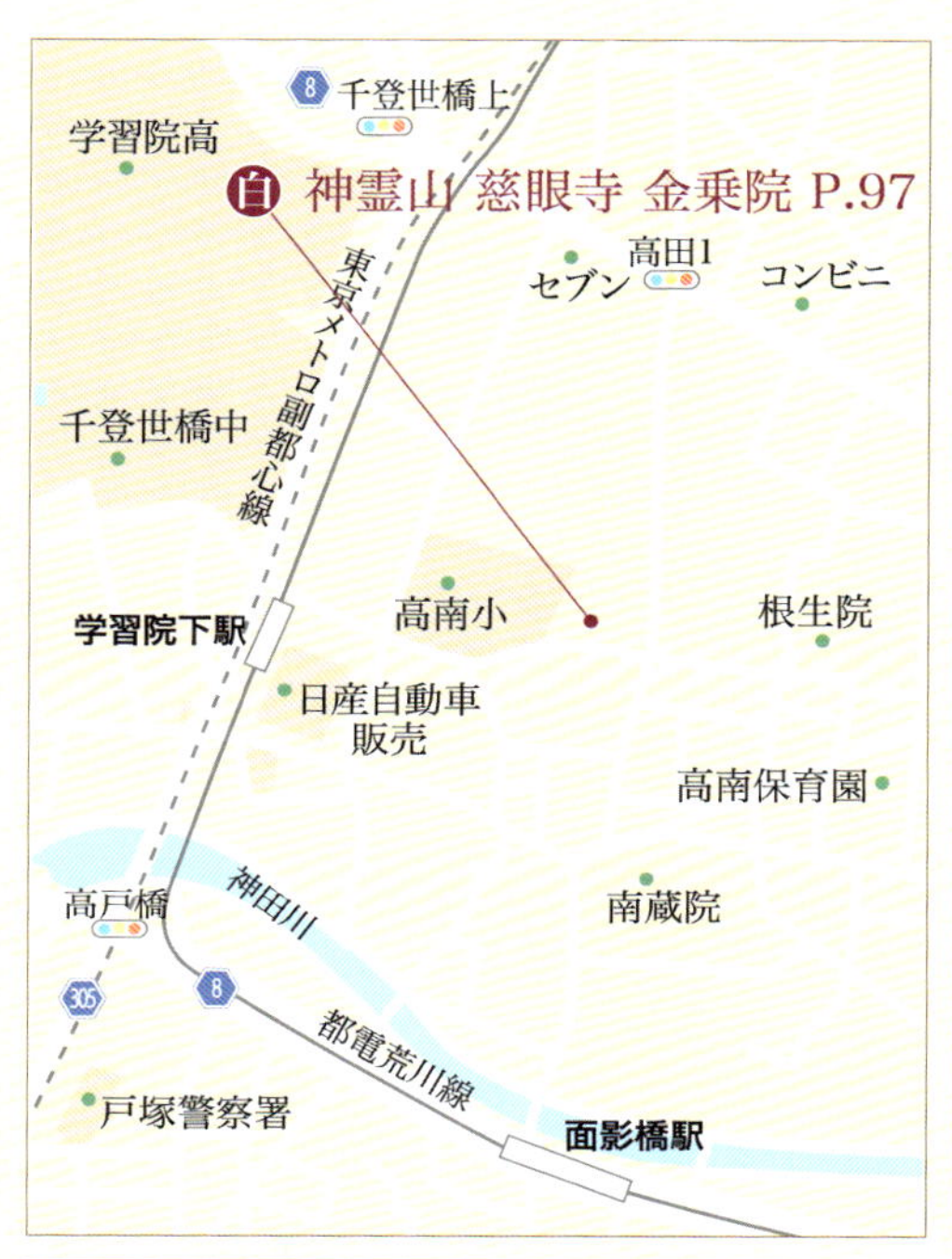

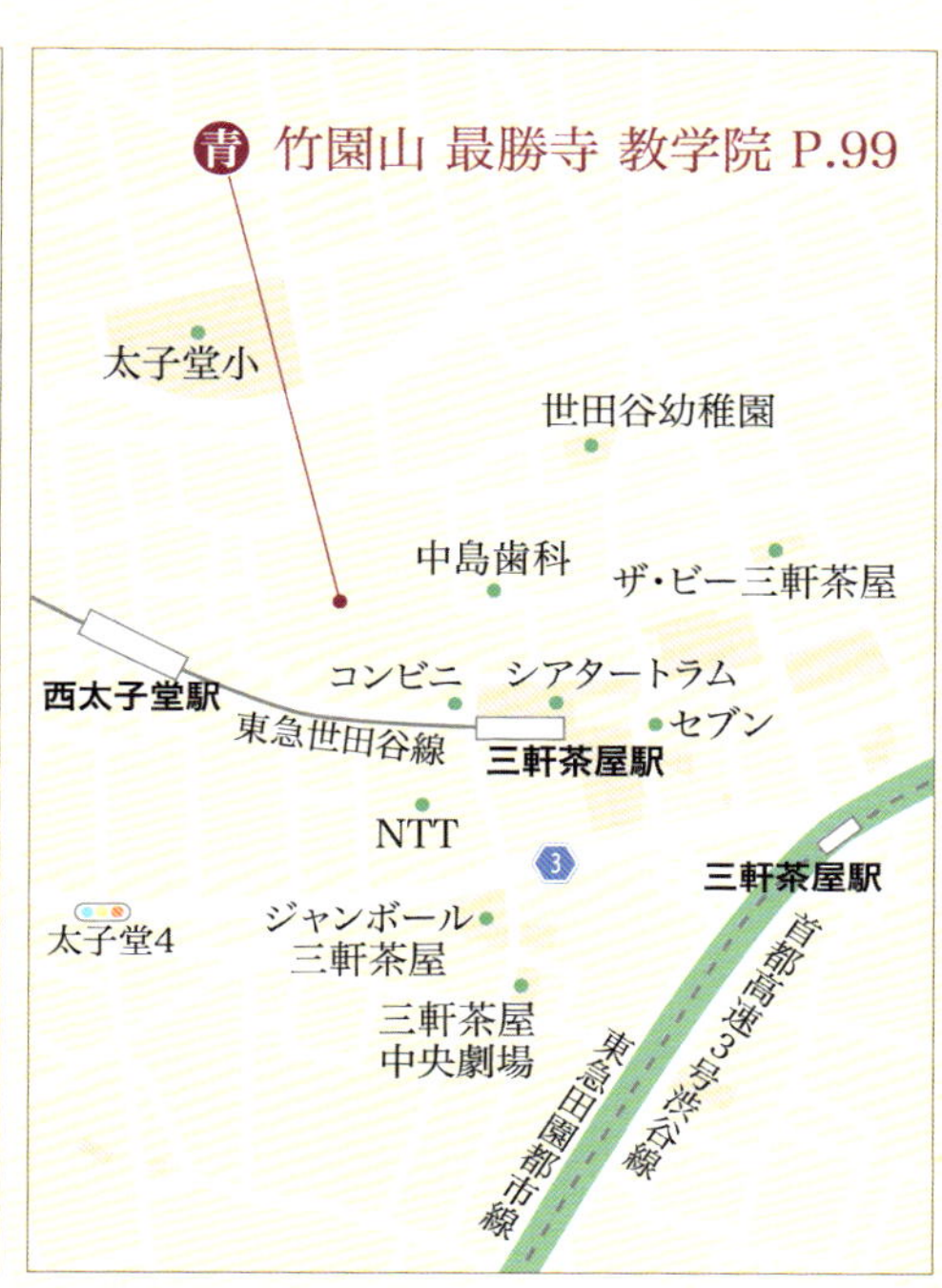

1日で5カ所めぐるコース

黒 泰叡山 瀧泉寺 ▶ 青 竹園山 最勝寺 教学院 ▶

目黒

江戸三十三観音札所33番
関東三十六不動霊場18番

泰叡山 瀧泉寺（りゅうせんじ）

天台宗

▲「大本堂」には、秘仏・不動明王が祀られていて、十二年に一度、酉年にだけご開帳されます。

▲歌舞伎狂言「御存知鈴ヶ森」で知られる白井権八、小紫の来世での幸せを祈って建てられた「比翼塚」。

▲大願が円成するよう身代わりとなって、水を浴びて下さる「水かけ不動明王」。

日本三大不動の一つであり、関東最古の不動霊場

平安時代、少年だった慈覚大師・円仁が目黒の地に立ち寄った際、夜の夢中、面色青黒く、とても恐ろしい形相をした神人が現れました。その後、大師は唐の長安にある青竜寺の不動明王を拝し、先の神人がこの明王であると分かり、帰朝して堂宇建立したと伝えられているのがこのお寺です。

また、境内にある独鈷の滝は、開山以来、千二百有余年涸れずに流れる霊水として知られています。

■開祖　慈覚大師円仁
■本尊　不動明王
■創建　808年（大同3年）

MAP P95

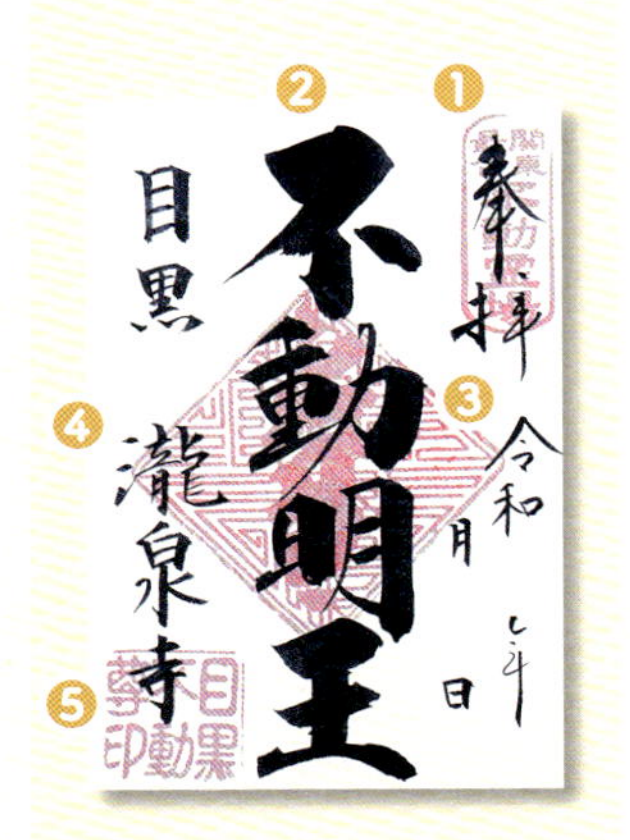

1. 修行関東不動霊場第十八番
2. 不動明王
3. 関東最古不動霊場
4. 目黒 瀧泉寺
5. 目黒不動尊印

●所在地／東京都目黒区下目黒3-20-26　●電話／03-3712-7549
●アクセス／東急目黒線不動前駅より徒歩12分、JR山手線目黒駅より徒歩20分
●駐車場／なし　●拝観時間／9:00～16:30
●拝観料／無料（御朱印500円）

▲本尊の「金銅聖観音立像」と「断臂不動明王」を安置している「本堂」。

江戸三十三観音霊場　第14番
関東三十六不動霊場　第14番
御府内八十八ヶ所霊場　第38番

神霊山 慈眼寺 金乗院（こんじょういん）

真言宗豊山派

▲刀剣の供養塔「鍔塚」

▲江戸三不動の第一位、東都五色不動の随一として名高い、本尊「目白不動明王」が祀られています。

江戸三不動第一位の不動明王を祀るお寺

永順法印によって創建され、此花咲耶姫社の別当としても名高いお寺です。

本尊不動明王は弘法大師作と伝えられ、高さ八寸、断臂不動明王といい秘仏です。弘法大師が湯殿山に参籠の際、大日如来が不動明王の姿で現れ、自らの剣で左臂を切り、ここから霊火が燃え盛り大師にお言葉を告げられました。大師はそのお姿を刻み、それが断臂不動明王であると伝えられています。

■開山　永順法印
■開祖　不詳
■本尊　断臂不動明王
■創建　不詳

MAP P95

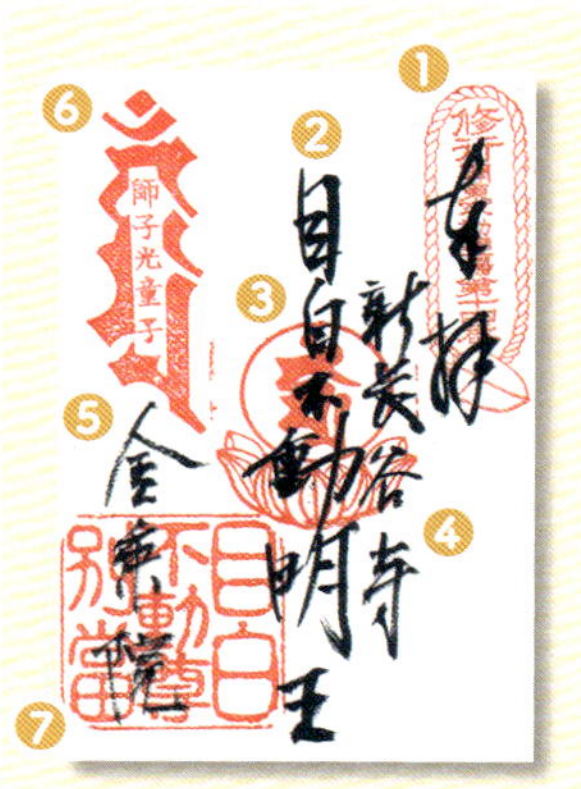

❶修行関東不動霊場第十四番
❷目白不動明王
❸本尊を表す印（不動明王）
❹新長谷寺
❺金乗院
❻師子光童子
❼目白不動尊別當

●所在地／東京都豊島区高田2-12-39　●電話／03-3971-1654
●アクセス／都電荒川線学習院下駅より徒歩1分
●駐車場／有（数台）無料　●拝観時間／9:00～17:00
●拝観料／無料（御朱印500円）

目赤

関東三十六不動霊場
13番

大聖山 南谷寺（なんこくじ）

天台宗

▲寄棟造瓦葺の「本堂」には阿弥陀如来が祀られています。

▲不動堂入口の右手にある、「六地蔵」は優しいお顔をしています。

▲目赤不動尊を祀る「不動堂」。

天から授かった不動明王が祀られているお寺

今から四百年ほど前、熱心な不動明王の信仰者であった、万行律師によって開かれたお寺です。言い伝えによるとある夜の夢中、伊賀国の赤目山に行くようお告げがあり、万行律師が赤目山の山頂で祈願していると、天から一寸二分ほどの黄金の不動明王像を授かりました。その後、この尊像を護持して諸国をめぐり、下駒込に庵を開き、赤目不動と号したのがはじまりとされています。

■開山　万行律師
■開祖　万行律師
■本尊　黄金不動明王・阿弥陀如来
■創建　1615年（元和元年）

MAP P94

奉拝
目赤不動尊
南谷寺

❶大聖山
❷目赤不動尊
❸本尊を表す印（江戸五色不動 目赤不動尊）
❹南谷寺
❺江戸五色不動南谷寺

●所在地／東京都文京区本駒込1-20-20　●電話／03-3942-0706
●アクセス／東京メトロ南北線本駒込駅2番出口に徒歩2分
●駐車場／なし　●拝観時間／9:00〜16:00
●拝観料／無料（御朱印500円）

目青

関東三十六不動霊場16番

竹園山最勝寺 教学院(きょうがくいん)

天台宗

▲教学院本堂

▲境内の隅、不動堂の左に置かれている「夜叉塚」。

▲本尊・不動明王が祀られている「不動堂」。

青銅製の不動明王が祀られているお寺

今から七百年ほど前、玄応大和尚によって創建され、三度の移転を繰り返し、創建から六百年後、大政官布告により現在の地に移転されたお寺です。

札所本尊の不動明王像は秘仏のため公開されていませんが、前立ちの不動明王像はいつでも拝観できます。この尊像は青銅製で、丸顔で上下の牙歯がなく、微笑みを堪えているようにも見えるえくぼが女性的で、参拝に訪れる人々に親しまれています。

■開祖　玄応大和尚
■本尊　阿弥陀如来・不動明王
■創建　1311年（応長元年）

MAP P95

1. 奉拝
2. 目青不動明王
3. 本尊を表す印（目青不動明王本尊）
4. 竹園山
5. 教学院
6. 竹園山教学院 東京世田谷

●所在地／東京都世田谷区太子堂4-15-1　●電話／03-3419-0108
●アクセス／東急世田谷線、田園都市線三軒茶屋駅より徒歩10分
●駐車場／なし　●拝観時間／8:00〜16:00
●拝観料／無料（御朱印500円）

▲不動明王が祀られている「不動堂」。不動堂前にある蓮は七月ごろ美しい花が咲き誇ります。

目黄

関東三十六不動霊場 19番

牛宝山 明王院 最勝寺（さいしょうじ）

天台宗

■開山　良本阿闍梨
■開祖　慈覚大師円仁
■本尊　釈迦如来・不動明王
■創建　860年（貞観2年）

MAP P94

▲「仁王門」の赤格子の中には金剛力士像が置かれています。

▲墓地の入口付近にある「無縁塚」。

三代将軍・家光ゆかりの由緒深いお寺

今から千百余年ほど前、慈覚大師により隅田川畔に草創され、大師の高弟である良本阿闍梨により開山されたと伝えられているお寺です。大正二年に本所表町から現在地へ移転されました。

不動堂に祀られている不動明王像は名僧良弁の作と伝えられ、特に徳川三代将軍・家光の崇拝が厚く、「目黄不動」と名付けられ、江戸五色不動のひとつに数えられた由緒深いものです。

❶江戸五色不動
❷目黄不動
❸三宝印（仏法僧宝）
❹牛宝山最勝寺
❺東京都　江戸川區最勝寺 平井一丁目

●所在地／東京都江戸川区平井1-25-32　●電話／03-3681-7857
●アクセス／JR総武線平井駅南口より徒歩10分
●駐車場／有　●拝観時間／9:00～17:00
●拝観料／無料（御朱印500円）

江戸六阿弥陀

江戸六阿弥陀めぐりMAP

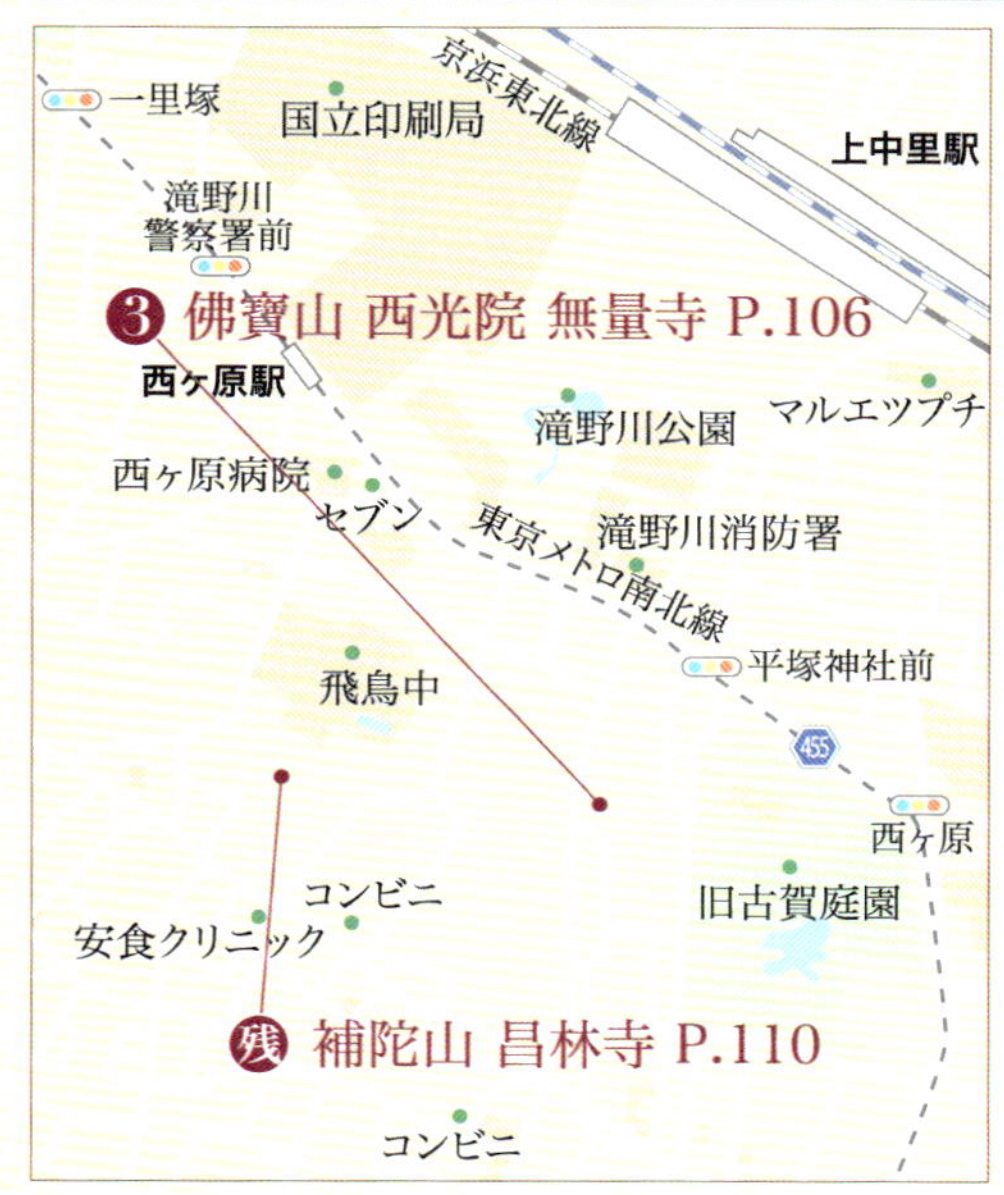

❶ 三縁山 西福寺 ▶ ❷ 宮城山 恵明寺 ▶ 余 龍燈山 貞香院 性翁寺 ▶ ❻ 常光寺

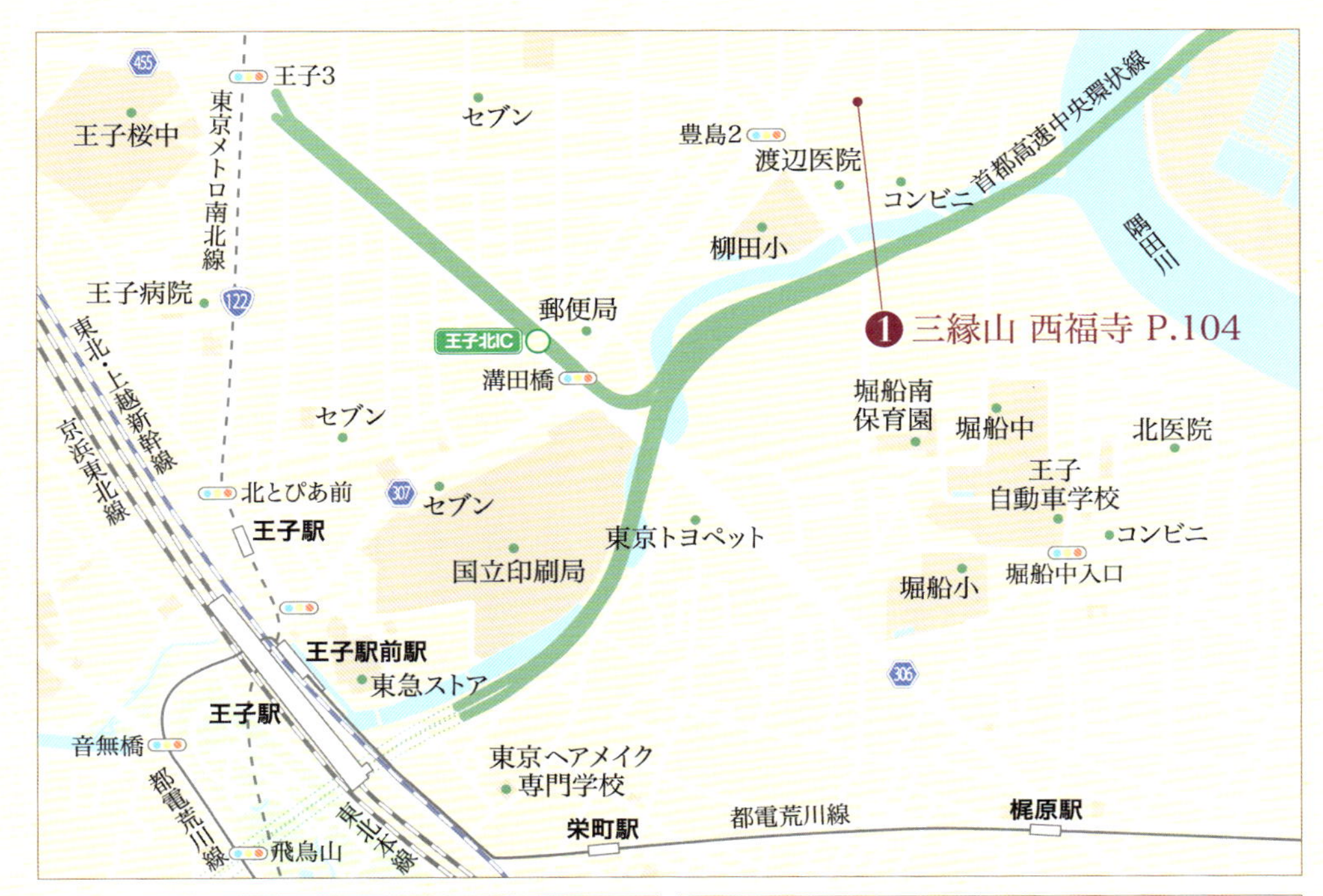

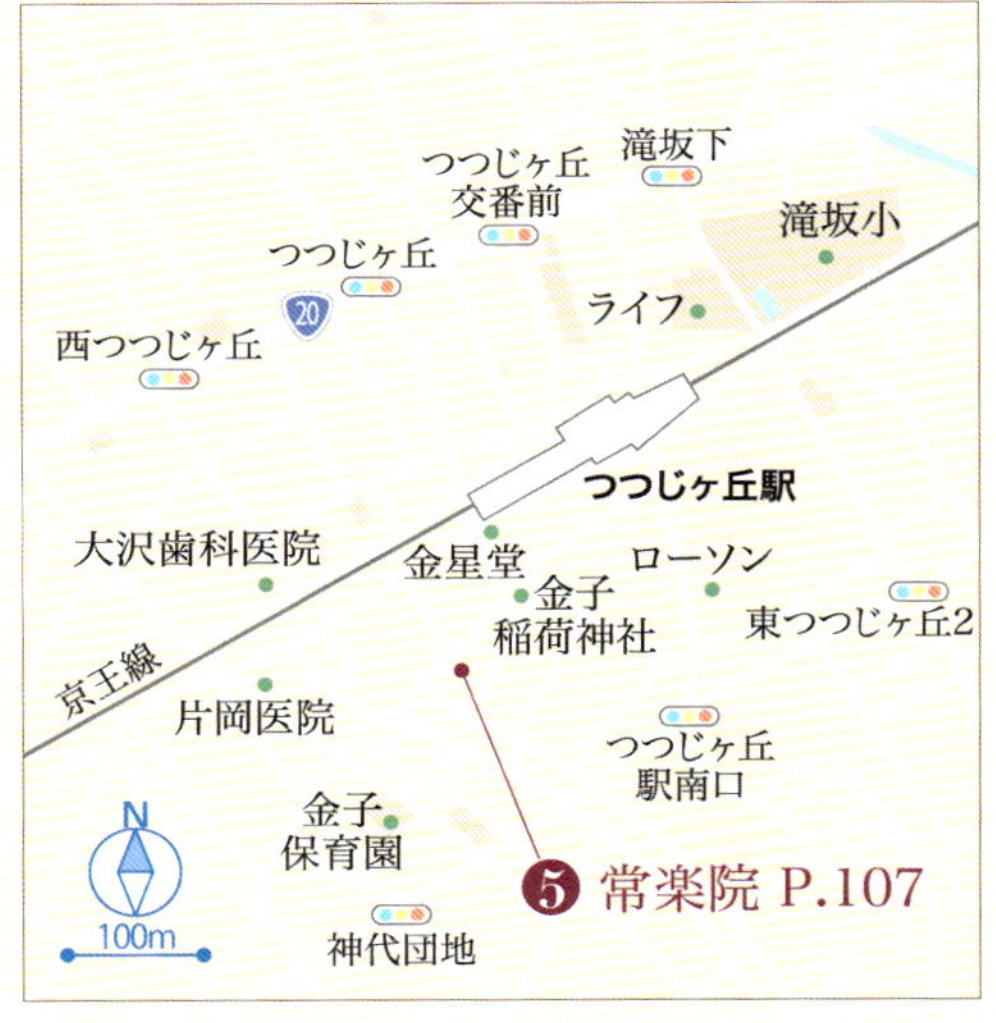

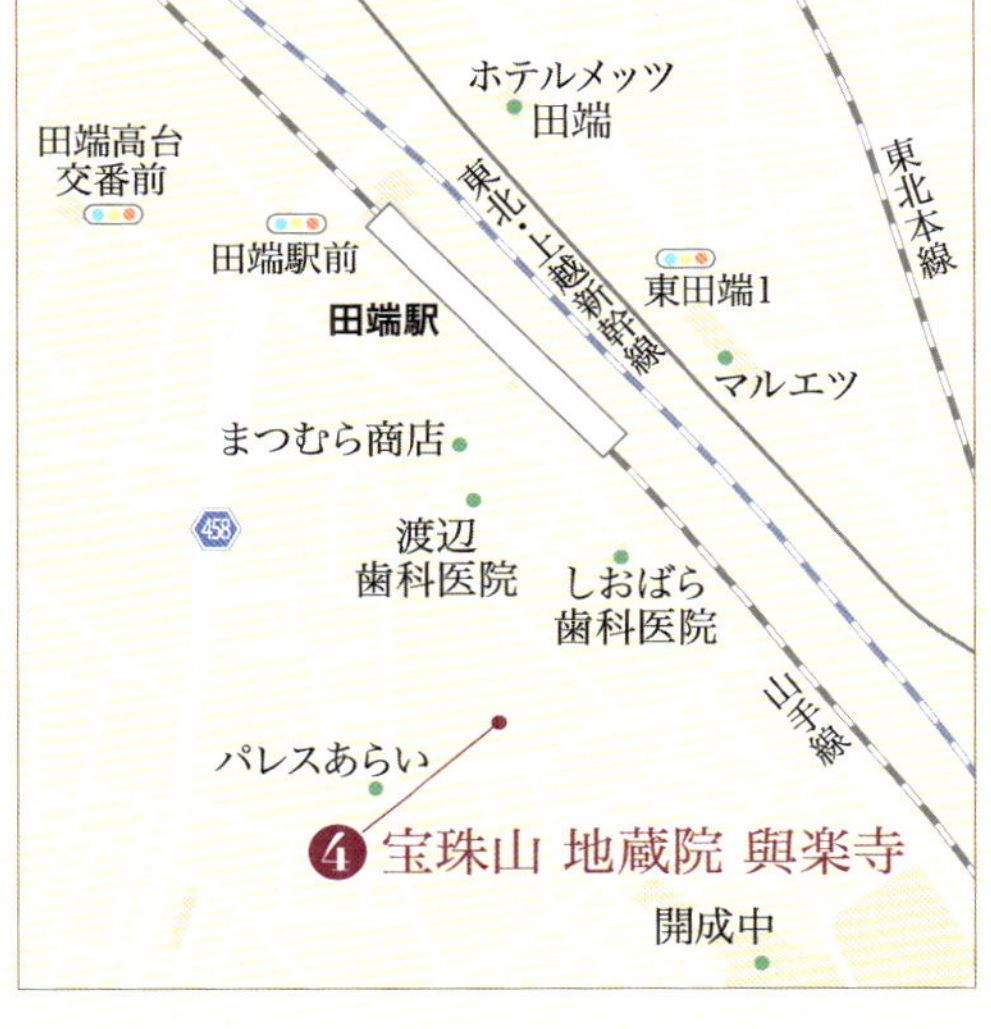

1日で8カ所めぐるコース

5 常楽院 ▶ 4 宝珠山 地蔵院 與楽寺 ▶ 3 佛寶山 西光院 無量寺 ▶ 残 補陀山　昌林寺 ▶

第1番

三縁山 西福寺(さいふくじ)

真言宗豊山派

▲行基作といわれる丈六の大きな阿弥陀像と同じサイズで作られた露座の「阿弥陀像」。

▲阿弥陀像の奥には阿彌陀第一番と大きな提灯を提げた近代的な「本堂」があります。

▲門を入ってすぐ左手には、よさこい節ゆかりの「お馬塚」があります。

江戸名所図絵にも記載されている古寺

六阿弥陀の第一番として聖武天皇の御代に開創され、西方浄土に生まれる福徳利益を授けるということから西福寺と名付けられたと伝えられるお寺です。

本尊の阿弥陀如来像は、行基作と称されるものが焼失してしまったため、昭和五七年に建立されたものですが、極彩色が目を惹く立派な尊像です。年二回の彼岸の行楽の場として賑わいを見せた西福寺は、江戸名所図絵にも記載されています。

■開山　行基菩薩
■本尊　阿弥陀如来
■創建　724年〜749年（神亀〜天平感宝）

MAP P103

❶第壱番
❷キリーク（阿弥陀如来）
サ（観世音菩薩）
サク（勢至菩薩）
六阿弥陀如来
❸本尊を表す印（宝珠）
❹豊島　❺西福寺
❻三縁山西福寺

●所在地／東京都北区豊島2-14-1　●電話／03-3911-2266
●アクセス／JR京浜東北線・東京メトロ南北線王子駅出口1より徒歩15分
●拝観時間／7:00〜16:00
●拝観料／無料

第2番

宮城山 恵明寺（えみょうじ）

真言宗系単立

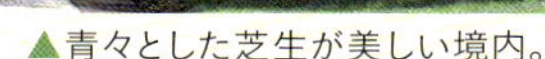

▲青々とした芝生が美しい境内。

▲境内には「子育て地蔵」などが安置されています。

▲春は枝垂桜がみごと。

手入れの行き届いた美しい境内

恵明寺は、平安時代に京都・醍醐寺三宝院の末寺として創建されたと伝わります。本尊の阿弥陀如来は六阿弥陀伝説の2番目のものであり、明治時代に荒川の改修工事に伴って廃寺となった末寺の延命寺のものを移したものです。

本堂前にはしだれ桜があり、桜の時期にはライトアップと「しだれ桜の夕べ」という夜桜行事が行われます。また、7月16日には、「送り火の集い」という盆行事が行われています。両行事日と春・秋の彼岸は本尊が一般公開されます。

■開山　不詳
■本尊　阿弥陀如来
■創建　不詳

MAP P102

❶奉拝
❷（梵字）
❸六阿弥陀如来
❹沼田
❺恵明寺

❶第貳番
❷キリーク（阿弥陀如来）
サ（観世音菩薩）
サク（勢至菩薩）
六阿弥陀如来
❸本尊を表す印（阿弥陀如来）
❹沼田
❺恵明寺　❻恵明寺

●所在地／東京都足立区江北2-4-3　●電話／03-3890-0897
●アクセス／舎人ライナー扇大橋駅より徒歩8分・都営バス 王40系統・東43系統 荒川土手バス停より徒歩3分
●駐車場／有（14台）無料　●拝観時間／10:00～16:00　●拝観料／無料　※住朱印は住職の都合によるので事前に確認をしたほうがよい

江戸三十三観音
江戸六地蔵
江戸五色不動
江戸六阿弥陀
浅草名所七福神

第3番

佛寶山 西光院 無量寺（むりょうじ）

真言宗豊山派

▲静かで落ち着いた境内と「本堂」。

▲「地蔵堂」。

▲境内にある「三界万霊供養塔」。

足止め不動を祀るお寺

このお寺は、仏寶山長福寺と称しましたが、徳川九代将軍・家重の幼名「長福丸」と同名であったことから「無量寺」と改められました。

ある夜、盗人が無量寺に忍び込むと、不動明王の霊験によってたちまち金縛りになって動けなくなり、翌朝捕まってしまったことから、人々はこの不動明王を「足止め不動」と呼ぶようになり、無量寺の本尊として、信仰を集めてきたと伝えられています。

■開山　不詳
■本尊　不動明王
■創建　不詳

MAP P102

❶第三番
❷キリーク（阿弥陀如来）
サ（観世音菩薩）
サク（勢至菩薩）
六阿弥陀如来
❸阿弥陀如来を表す梵字
❹西ヶ原　❺無量寺
❻無量寺印

●所在地／東京都北区西ヶ原1-34-8　●電話／03-3910-2840
●アクセス／東京メトロ南北線西ヶ原駅出口1より徒歩6分
●駐車場／なし　●拝観時間／9:00～16:30（境内を守るため団体さまご遠慮）
●拝観料／無料　※御朱印は郵送のみ（送料込み500円）

第5番

福増山 常楽院（じょうらくいん）

天台宗

▲ご本尊の「阿弥陀如来」は行基作と伝えられています。

▲御朱印受付所。

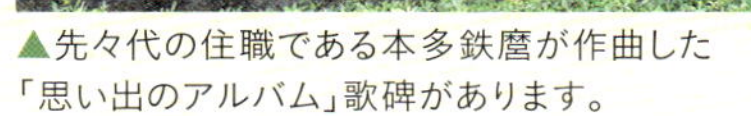

▲先々代の住職である本多鉄麿が作曲した「思い出のアルバム」歌碑があります。

本尊の阿弥陀如来は行基菩薩の作

かつては上野広小路にあり、宝王山常楽院長福寿寺と称していました。春秋彼岸には六阿弥陀六ヶ寺を巡拝する六阿弥陀詣りが盛んになり、江戸名所図絵にも描かれています。

関東大震災で焼失し、その後、現在地にあった福増山延命院蓮蔵寺という無住の寺と合併する形で調布市に移転し、蓮蔵寺の山号を受け継いで福増山常楽院と称するようになりました。

■開山　行基菩薩
■本尊　阿弥陀如来
■創建　729年～748年（天平年間）

MAP P103

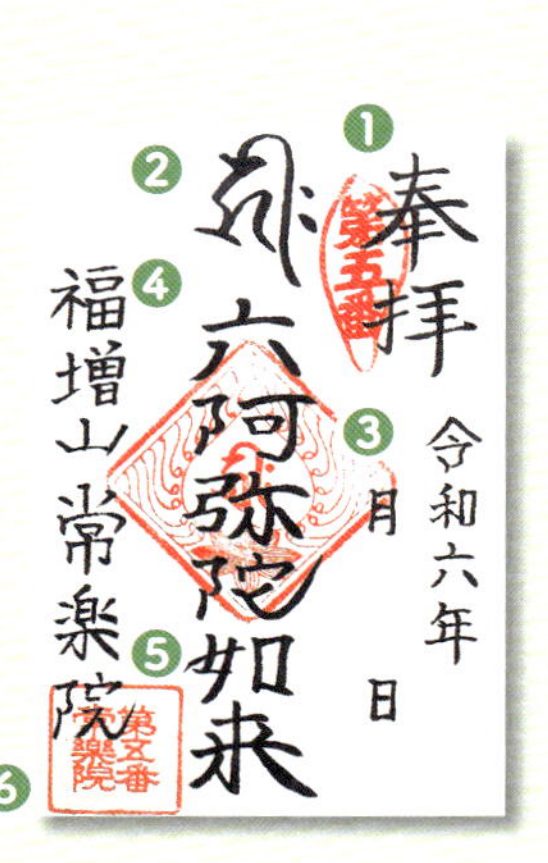

❶第五番
❷梵字＋六阿弥陀如来（キリク・ろくあみだにょらい）
❸本尊を表す梵字
❹調布　❺常楽院
❻第5番常楽院

●所在地／東京都調布市西つつじヶ丘4-9-1　●電話／042-484-0900
●アクセス／京王線つつじヶ丘駅から200m
●駐車場／あり　●拝観時間／＊事前にお問い合わせ下さい
●拝観料／無料

第6番

常光寺（じょうこうじ）

曹洞宗

▲常光寺の鉄筋コンクリート製の「本堂」。

▲永代供養塔(無量壽塔)の阿弥陀さま。

▲境内にある「六阿弥陀道道標」。

江戸を出て最初の巡礼地

江戸六阿弥陀第六番の阿弥陀如来と、亀戸七福神のひとつ、寿老人を祀るお寺です。

江戸を出て最初の巡礼地として栄え、幕府編纂の地誌「新編武蔵風土記稿」によれば「本尊六阿弥陀行基の作にして長六寸許、脇立に観音勢至を安す、これを六阿弥陀第六番目にして、春秋彼岸は殊に参詣の者多し」とあり、彼岸詣では江戸市民の信仰の行楽として盛んであったといわれています。

■開山　行基菩薩
■開祖　豊島の冠者
■本尊　阿弥陀如来
■創建　737年（天平9年）

MAP P102

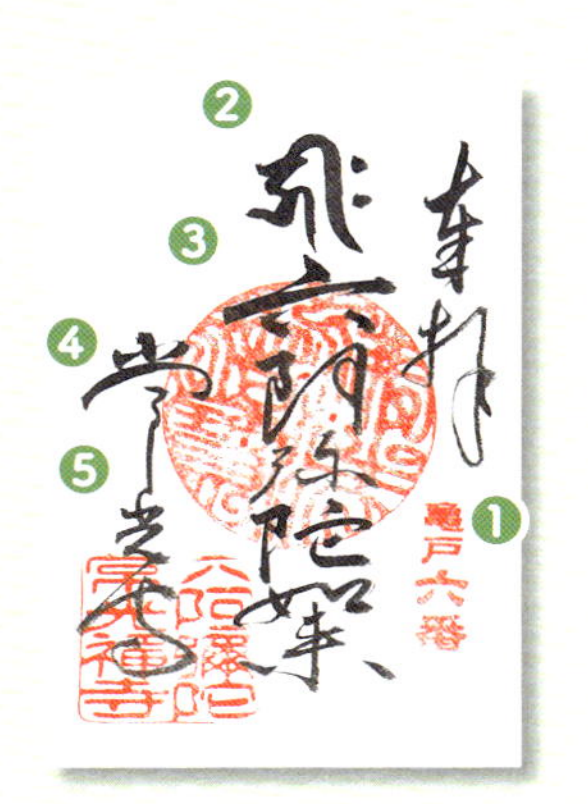

❶亀戸六番
❷キリーク（阿弥陀如来）六阿弥陀如来
❸三宝印（仏法僧宝）
❹常光寺
❺六阿弥陀常光禅寺

●所在地／東京都江東区亀戸4-48-3　●電話／03-3681-7023
●アクセス／東武亀戸線亀戸水神駅より徒歩7分
●駐車場／なし　●拝観時間／9:00～16:00
●拝観料／無料

龍燈山 貞香院 性翁寺（しょうおうじ）

浄土宗

▲三つ葉葵の紋のついた白壁の「本堂」。

▲「六阿弥陀木餘如来」と書かれた石碑。

▲軒丸瓦にも「木餘」の字が入っています。

足立姫ゆかりの、女性往生のお寺

性翁寺は六阿弥陀発祥の地にして根元の旧跡です。本尊の阿弥陀如来像は、行基菩薩が六つの尊像を作った後、悲運の女性・足立姫の菩提を弔うため御影として余り木で一体刻んだもので、足立姫の父・荘司の屋敷の傍らに草庵を建立して安置したのが性翁寺の開創であり木余り如来の由縁でもあります。

昭和に至るまで、春秋彼岸に多くの女性の参詣地となったといわれています。

- ■開山　正誉龍呑上人
- ■開基　行基菩薩
- ■本尊　阿弥陀如来
- ■創建　1492年（明応元年）

MAP P102

❶六阿弥陀根本旧蹟
木餘如来霊場
浄土宗性翁寺
❷木余如来
❸本尊を表す印
（阿弥陀如来　観世音菩薩
勢至菩薩）
❹性翁寺　❺木餘

●所在地／東京都足立区扇2-19-3　●電話／03-3890-0967
●アクセス／日暮里・舎人ライナー扇大橋駅出口1より徒歩8分
●駐車場／なし
●参詣時間／9:00～17:00

番外札所 本餘

補陀山 昌林寺（しょうりんじ）

曹洞宗

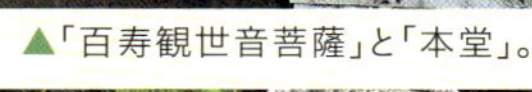
▲「百寿観世音菩薩」と「本堂」。

▲「南無末木観世音菩薩」と書かれた石碑。

▲境内の一角。

足利持氏ゆかりのお寺

室町時代、足利持氏によって再建されたお寺で、境内には蘇鉄があり、東京都下の寺院の中でも屈指の古刹といわれています。

江戸六阿弥陀の木残りとして知られますが、阿弥陀如来ではなく末木観世音菩薩を本尊としており、行基菩薩が観世音菩薩を刻した際、同じ木の末木から彫ったと伝えられています。

■開山　不詳
■本尊　末木観世音菩薩
■創建　不詳

MAP P102

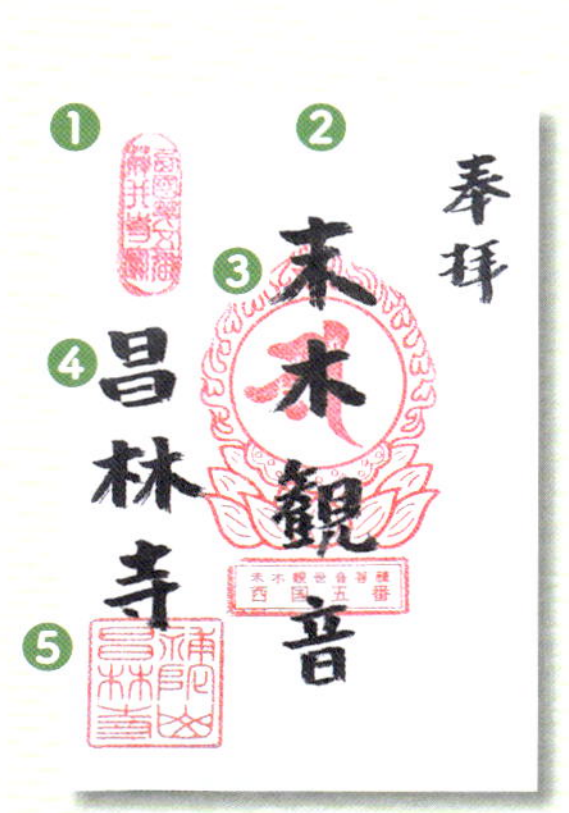

❶西国第五番　藤井寺写
❷本尊末木観世音菩薩
❸本尊を表す印（末木観世音菩薩 西国五番）
❹補陀山昌林寺
❺補陀山昌林寺

●所在地／東京都北区西ヶ原3-12-6　●電話／03-3910-2645
●アクセス／東京メトロ南北線西ヶ原駅出口1より徒歩6分
●駐車場／なし　●拝観時間／9:00～17:00
●拝観料／無料

Column
コラム

江戸六阿弥陀

「江戸六阿弥陀」は、行基菩薩が一夜の内に一本の木から六体の阿弥陀仏を刻み上げた阿弥陀仏です。依頼した長者が六ヶ所に寺を建立し、六体の阿弥陀仏を一体ずつ安置したと言われています。

第一番
西方浄土に生まれ出る御利益を授けるというところから「西福寺」と名付けた。

第二番
家内安全・息災延命の御利益を授けるというところから「延命寺」と名付けた。

第三番
福寿無量に諸願を成就させるというところから「無量寺」と名付けた。

第四番
我ら一切の者に安楽を与えるというところから「与楽寺」と名付けた。

第五番
常に一家和楽の福徳を授けるというところから「常楽院」と名付けた。

第六番
未来は常に光明を放つ身を得させるというところから「常光寺」と名付けた。

江戸六阿弥陀　第5番　常楽院跡地

台東区池之端の東天紅裏にある江戸六阿弥陀の第5番「常楽院」の別院です。江戸時代には宝王山常楽院長福寿寺と号して上野不忍池近辺にあり、関東大震災と第二次大戦期の焼失を経て、ご本尊阿弥陀さまは調布市に移りましたが、参詣の便を図って縁のある上野池之端（東京都台東区池之端1-4付近）に模刻の阿弥陀さまをお祀りしています。

Column
コラム

江戸六地蔵

江戸時代に刊行された「江戸砂子」の記載によると、元禄四年（一六九一年）に慈済菴空無上人が開眼供養したもの、また、宝永五年（一七〇八年）に地蔵坊正元が江戸庶民から寄進を募って造立したもの、二つが存在したと由が書かれており、元禄年中の方を「始めの六地蔵」、宝永年中の方を「後の六地蔵」として紹介されています。この本では「後の六地蔵」を紹介しています。

六地蔵の「六」は数では無く、仏教で言うところの六道につながるものなので、実際は七体でも八体でも良いそうです。平河山　浄土寺（港区赤坂4-3-5）は江戸六地蔵の札所には入っていませんが、安置されている地蔵尊像は、歴史的にも江戸六地蔵の兄弟とも言うべきお地蔵さまで、ご朱印もいただけます。

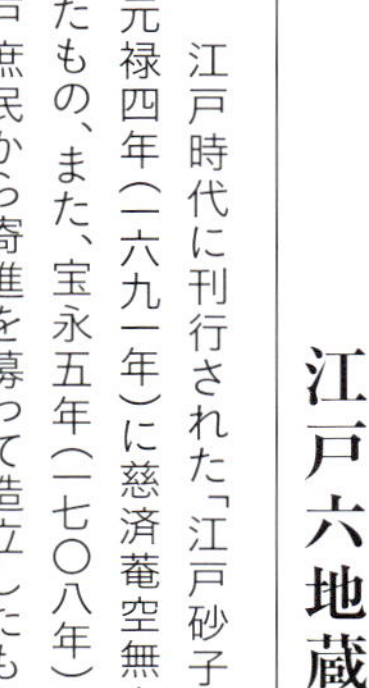

浅草名所七福神

浅草名所七福神めぐりMAP

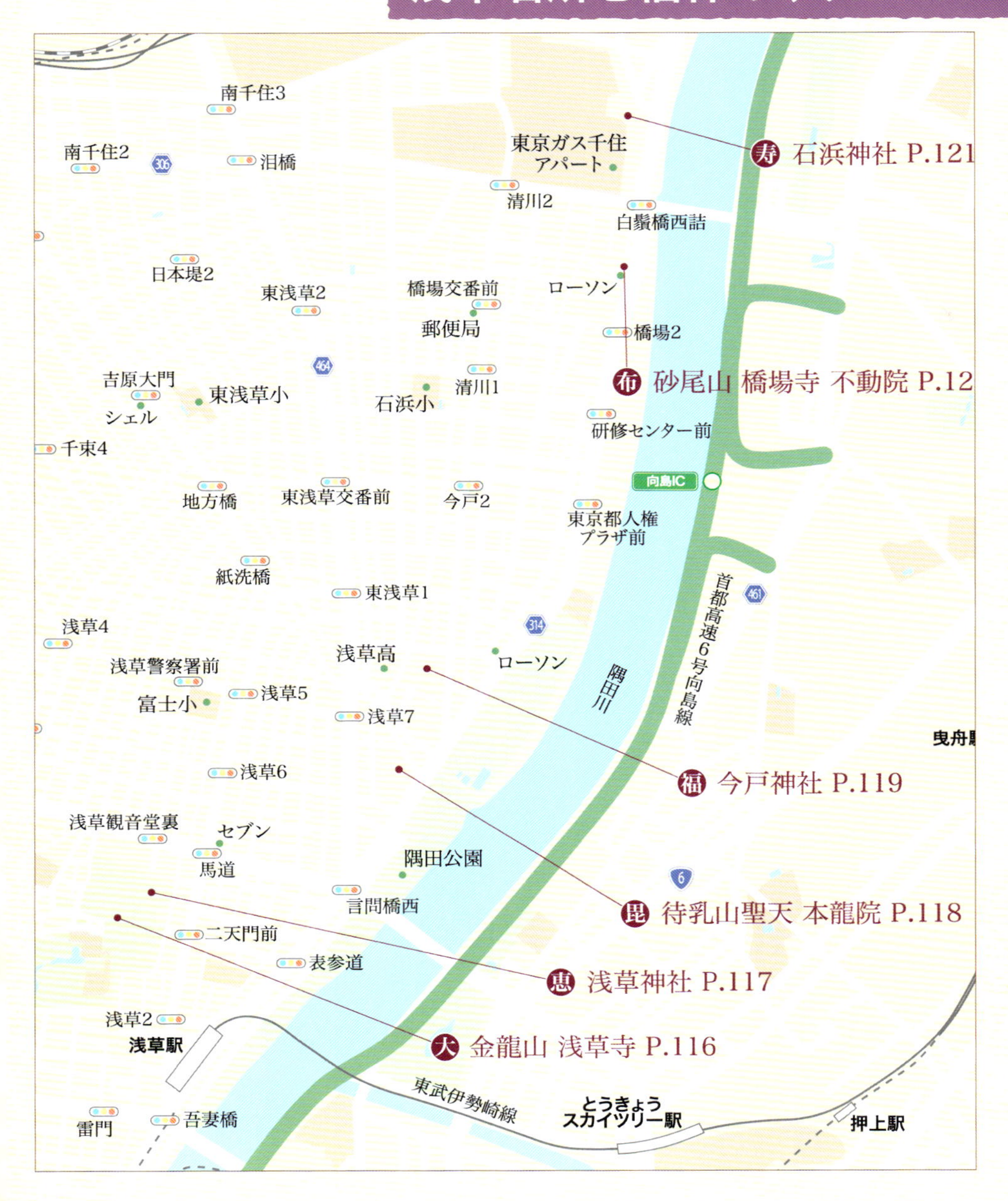

布 砂尾山 橋場寺 不動院 ▶ 寿 石浜神社 ▶ 弁 吉原神社 ▶ 寿 鷲神社 ▶ 福 矢先神社

1日で9カ所めぐるコース

大 金龍山 浅草寺 ▶ 恵 浅草神社 ▶ 毘 待乳山聖天 本龍院 ▶ 福 今戸神社 ▶

大黒天

江戸三十三観音札所　第1番
坂東三十三観音霊場　第13番

金龍山 浅草寺(せんそうじ)

聖観音宗 総本山

▲大黒天が祀られている影向堂。

▲影向堂内にある朱印所。江戸三十三観音の御朱印もここでいただきます。

▲台座に「千日参供養佛」と刻まれている「聖観音菩薩像」。

庶民の信仰と文化の一大中心地

今から千年以上前、桧前兄弟が、江戸浦で投網中に一体の仏像を感得しました。後にこれが「聖観世音菩薩」のお像であることが分かり、深く帰依したというのが、浅草寺の始まりだといわれています。

浅草七福神のひとつ、浅草寺に祀られている大黒天は、俗にいう「米びつ大黒」として江戸以来、市民の崇拝を集めています。

■中興開山　慈覚大師円仁
■開祖　勝海上人
■本尊　聖観世音菩薩
■創建　628年（推古天皇36年）

MAP P114

❶浅草名所七福神
❷大黒天
❸本尊を表す印（大黒天）
❹浅草寺印

●所在地／東京都台東区浅草2-3-1　●電話／03-3842-0181
●アクセス／都営地下鉄浅草線浅草駅A4出口より徒歩5分。仏具店の念珠堂の前を通り、雷門通りに出て左へ。　●駐車場／なし
●拝観時間／6:00〜17:00（10月〜3月は6:30〜17:00　●拝観料／無料（御朱印500円）

浅草神社（あさくさじんじゃ）

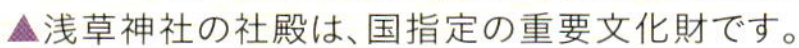
▲浅草神社の社殿は、国指定の重要文化財です。

▲社殿の前にずらっと並ぶ絵馬。

▲浅草神社前から見た東京スカイツリー。

三神を祀る神社

浅草寺本尊の観音像を網で拾い上げた人物である漁師の桧前浜成・武成兄弟と、土師真中知の三人を神として祀っているので、三社様とも呼ばれている神社です。

浅草神社の恵比須神像は、扉の奥に安置されており実際に拝むことはできませんが、極彩色の見事な木彫りで、その姿は大変温和であり、古くから浅草寺の大黒天と対をなして信仰を集めてきたと伝えられています。

■祭神　土師真中知命・桧前浜成命・桧前竹成命
■創建　正確な年号は不明（約700年前）

MAP P114

❶浅草名所七福神
❷恵比須
❸恵比須印
❹浅草神社

●所在地／東京都台東区浅草2-3-1　●電話／03-3844-1575
●アクセス／都営地下鉄浅草線浅草駅A4出口より徒歩7分。浅草寺本堂に向かって右。
●駐車場／なし　●拝観時間／社務時間　平日9:00～16:00　土日祝　9:00～16:30
＊恵比寿像の拝観はできません　●拝観料／無料（御朱印500円）

▲本堂。

毘沙門天

待乳山 聖天 本龍院（ほんりゅういん）

聖観音宗

▲境内に建つ舞殿。

▲境内のいたるところに「大根」のモチーフがあります。

大根で有名なお寺

今から一四〇〇年以上前、旱魃のため人々が苦しみ喘いでいたとき十一面観音が大聖歓喜天に化身して姿を現し人々を救ったため、「聖天さま」として祀ったのが始まりといわれているお寺です。

一月七日には大根まつりも行われ、多くの参拝者が大根をお供えすることでも有名で、大根は人間の深い迷いの心を表すといわれており、大根を供えることによって洗い清められるという意味合いがあります。

■本尊　大聖歓喜天
■創建　595年（推古3年）

MAP P114

❶浅草名所七福神
❷毘沙門天
❸毘沙門天を表す印
❹待乳山本龍院

●所在地／東京都台東区浅草7-4-1　●電話／03-3874-2030
●アクセス／東武線地下鉄浅草駅より徒歩10分
●駐車場／あり（10台）　●拝観時間／6:00～16:30
●拝観料／無料（御朱印500円）

福禄寿

今戸神社（いまどじんじゃ）

▲昭和四十六年に再建された本堂。

▲境内にはいたるところに招き猫がいます。

▲縁結びで有名な今戸神社の絵馬は珍しい「真円形」で、これは縁と円の語呂を掛け合わせたものとなっています。

招き猫発祥の地

今より千年ほど前、源頼義・義家親子が奥州討伐の際、京都の石清水八幡宮を当地に勧進し、祈願したのが始まりとされる神社です。

江戸時代末期、界隈に住んでいた老婆が飼っていた愛猫の姿の人形を今戸焼の焼物にして売ったところ、たちまち評判となったことから、今戸神社は招き猫発祥の地として知られています。

■祭神　応神天皇・伊弉諾尊・伊弉冉尊・福禄寿

■創建　1063年（後冷泉天皇康平6年）

MAP P114

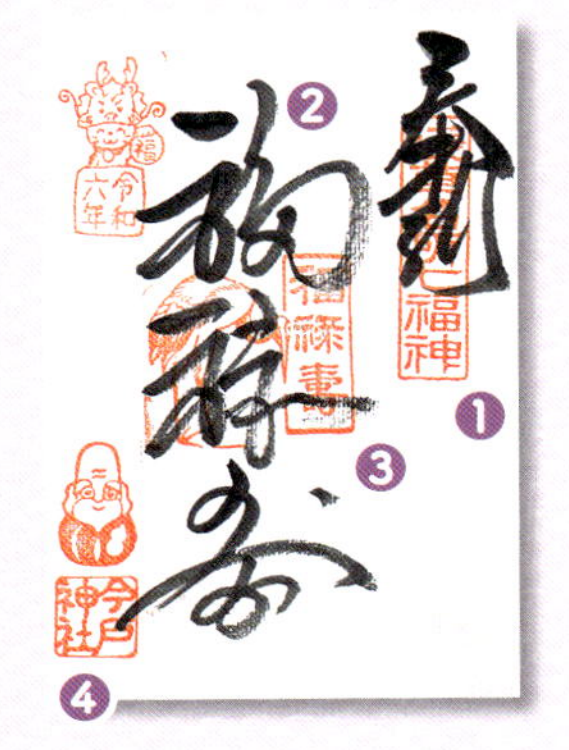

❶浅草名所七福神
❷福禄寿
❸本尊を表す印（福禄寿）
❹今戸神社

●所在地／東京都台東区今戸1-5-22　●電話／03-3872-2703
●アクセス／東武伊勢崎線浅草駅より徒歩15分
●駐車場／なし　●拝観時間／9:00～16:00
●拝観料／無料（御朱印500円）

▲本堂は、江戸時代の建築様式を保つ、美しく簡素な佇まいです。

▲落ち着きのある境内

▶橋場寺の百度石。

布袋尊

関東三十六不動霊場23番

砂尾山 橋場寺 不動院（ふどういん）

天台宗

下町にひっそりと佇む歴史あるお寺

奈良時代末期から「火伏せの橋場不動」として尊ばれてきた歴史あるお寺です。

本尊の秘仏・不動明王は開運、厄よけ不動として伝えられ、浅草七福神のひとつ、布袋尊はお腹が袋代わりの形をした珍しい形をしています。東京スカイツリーが間近に臨める場所にありながら、境内は静かな落ち着きを保ち、下町浅草にひっそりと佇む橋場寺は、都内屈指の古刹といわれています。

■本尊　大聖不動明王
■創建　760年（天平宝字4年）

MAP P114

❶浅草名所七福神
❷布袋尊
❸本尊を表す印（布袋尊）
❹不動院
❺橋場不動尊

●所在地／東京都台東区橋場2-14-19　●電話／03-3872-5532
●アクセス／東武伊勢崎線浅草駅より徒歩20分
●駐車場／なし　●拝観時間／9:00〜16:00
●拝観料／無料（御朱印500円）

石浜神社（いしはまじんじゃ）

▲長めの参道を進むと正面に拝殿が見えてきます。
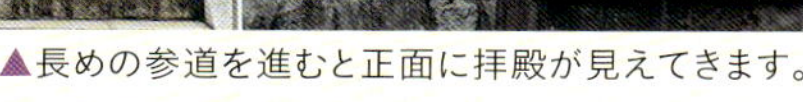

▲白狐祠。

▲拝殿の前に、大口を開けた神楽獅子が置かれています。

関東武将の信仰が篤かった神社

室町時代の中頃、武蔵千葉氏の居城であり、戦乱の世に百年あまり続いた「石浜城」のあった地に建てられたと伝えられる神社です。

石浜神社では六月と十二月に、心身の罪や穢れを祓い清める神事「夏越しの祓」と「年越しの祓」が行われますが、江戸時代の夏越しの祓ではその壮麗さにおいて名高く、江戸の年中行事を紹介した「東都歳事記」の挿絵に夏の風物詩として描かれています。

■祭神　天照大御神・豊受姫神
■創建　724年（聖武天皇元年）

MAP P114

❶浅草名所七福神
❷寿老神
❸御祭神を表す印（寿老神）
❹石濱社印

●所在地／荒川区南千住3-28-58　●電話／03-3801-6425
●アクセス／東京メトロ日比谷線・JR常磐線・つくばエクスプレス南千住駅より徒歩15分
●駐車場／なし　●受付時間／9:00～17:00
●拝観料／無料（御朱印500円）

寿老人

鷲神社（おおとりじんじゃ）

▲神社入口の朱塗りの叉木と大鳥居。

▲社殿中央に置かれた「なでおかめ」は、誰でも撫でることができます。

▲境内にある樋口一葉玉梓乃碑。

酉の市発祥の地

鷲神社は「天日鷲命」と「日本武尊」を祀った由緒正しい神社です。

鷲神社発祥といわれる十一月の酉の日に行われる「酉の市」は、来る年の開運、授福、殖産、除災、商売繁昌をお祈りする長い歴史を持つお祭です。

また、全国的にも有名な熊手御守は、一般に「かっこめ」「はっこめ」といわれ、開運・商売繁昌のお守りとして「酉の市」のみに授与されます。

■祭神　天日鷲命・日本武尊

MAP P114

●所在地／台東区千束3-18-7　●電話／03-3876-1515
●アクセス／つくばエクスプレス浅草駅より徒歩8分
●駐車場／なし　●社務取扱時間／9:00～17:00
●拝観料／無料（御朱印500円）

1. 浅草名所七福神
2. 寿老人
3. 本尊を表す印（寿老人）
4. 鷲
5. 浅草田甫鷲神社

弁財天

吉原神社（よしはらじんじゃ）

▲鮮やかな朱色が目を惹く本殿。

▲お穴様の地中には神社の土地を守護する神様がいます。

▲境内は今も昔も変わらない花街の風情が伺えます。

花街の風情残る神社

吉原が千束に移転する際、元あった地に鎮座していた玄徳稲荷社と、廓内四隅の守護神である榎本稲荷社、明石稲荷社、開運稲荷社、九朗助稲荷社を合祀して創建されたのが吉原神社です。

吉原遊郭の遊女たちを見守ってきた神社だからこそ、幸せを祈る女性へのご利益があるといわれます。本尊の弁財天は、童女のような清純さを持ち、優しく美しい面立ちをした座像です。

■祭神　倉稲魂命・市杵嶋姫命
■創立　1875年（明治8年）

MAP P115

❶浅草名所七福神
❷弁財天 よし原
❸本尊を表す印（辨財天）
❹吉原神社

●所在地／東京都台東区千束3-20-2　●電話／03-3872-5966
●アクセス／東京メトロ日比谷線入谷駅より徒歩15分
●駐車場／なし　●拝観時間／9:00～17:00
●拝観料／無料（御朱印300円）

福禄寿

矢先稲荷神社（やさきいなりじんじゃ）

▲拝殿の中には「日本馬上史」を描いた数々の天井絵があります。

▲季節の花々なども飾られている手水舎。

▲境内から東京スカイツリーが望めます。

■祭神　宇賀御魂命・福禄寿
■創立　1642年（寛永19年）

MAP P115

徳川三代将軍・家光ゆかりの神社

徳川家光が浅草に三十三間堂を建立し、鎮主として稲荷神を勧請したのが始まりとされる神社です。

ここでは「通し矢」が行われ、矢を射た的の先に稲荷社が祀られていたことから「矢先稲荷」と呼ばれるようになりましたs。

本尊の福禄寿は長寿の象徴の鶴をはべらせ、白髪白髯、調和のとれた円満なお顔で、人の最高理想の姿をあらわしています。

❶浅草名所七福神
❷福禄寿
❸本尊を表す印（福禄寿
❹矢先稲荷神社

●所在地／東京都台東区松が谷2-14-1　●電話／03-3844-0652
●アクセス／東武伊勢崎線浅草駅より徒歩10分
●駐車場／なし　●拝観時間／9:00〜16:00
●拝観料／無料（御朱印500円）

コラム

昭和新撰江戸三十三観音

観音様を一心に念ずると、自由自在にお姿を変えて人々を救済してくださると言われていることから、観音様は「観自在菩薩」と呼ばれています。そのお姿が三十三通りということから、全国各地に観音菩薩を祀る三十三の霊場をめぐる札所がつくられたそうです。「昭和新撰江戸三十三観音」は、番外札所を含め都内三十四カ所の札所をめぐる、地方観音霊場の一つです。

江戸五色不動

「江戸五色不動」は江戸時代に五眼不動と呼ばれ、東・西・南・北・中央の五方角を色で表すもので、陰陽五行説に由来しているのではないかと言われています。各位置は江戸城（青）を中心として、それぞれ水戸街道（黄・最勝寺）、日光街道（黄・永久寺）、中山道（赤）、甲州街道（白）、東海道（黒）といった江戸府内を中心とした五街道沿い（又は近く）にあることから、徳川の時代に江戸城を守るために置かれたといわれています。

さくいん

回向院
金龍山

Staff

取材・執筆 ■ ジェイアクト

写真撮影 ■ 富永和則

編集 ■ 立川芽衣　若林 萌

デザイン／DTP ■ 株式会社ダイアートプランニング
加藤有花

MAP ■ 榎本早耶香

取材協力

天地じん　http://wiki.ten-chi-jin.org/
鍋倉康宏
斉藤啓明

**江戸・東京
札所めぐり案内
御朱印を求めて歩く巡礼ガイド**

2024年9月20日　第1版・第1刷発行

著　者　江戸・東京札所めぐり編集室
（えど・とうきょうふだしょめぐりへんしゅうしつ）
発行者　株式会社メイツユニバーサルコンテンツ
代表者　大羽孝志
〒102-0093東京都千代田区平河町一丁目1-8
印　刷　株式会社厚徳社

◎『メイツ出版』は当社の商標です。

ご意見・ご感想はホームページから承っております。
ウェブサイト　https://www.mates-publishing.co.jp/

企画担当：折居かおる／千代 寧

※本書は2016年発行の『江戸・東京 札所めぐり 御朱印を求めて歩く 巡礼ルートガイド』を元に加筆・修正を行い、書名・装丁を変更して新たに発行したものです。

もくじ

ご朱印のいただきかた

お寺では、まず三門をくぐってご本尊の祀られている仏殿へ。三門は「三解脱門（空・無相・無願）」を象徴するといわれ、諸々の執着を取り払って佛殿（涅槃・解脱）に至る門とされます。くぐる前に一礼を。ご本尊の祀られている仏殿の前に立ち、賽銭を納め、静かに両手を合わせます。お参りを済ませたらご朱印をいただけるところへ。「納経所」と案内があるところもあります。

はしがき

もともと「ご朱印」は、参拝した時にお経を書き写してお寺に納めるといただけるものでした。そのようなことから、ご朱印のことを「納経印」ともいいます。最近では納経しなくてもいただけるようになり、お参りすることよりもご朱印を集めることに楽しみを感じている方々も多くなりましたが、気軽にご朱印を集めながらも、そのお寺の歴史やご朱印の意味などをよく知り、充実した札所めぐりができるようにと、この本をまとめました。

同じお寺でも「三十三観音」「六地蔵」「五色不動」「六阿弥陀」とご朱印が異なります。東京ではそれぞれのお寺への交通の便がよく、比較的近いところにあるため、短期間で結願することができます。だからこそ、ご本尊に合掌し、正しく参拝しながら、ご朱印を集めていただきたいと思います。

江戸・東京

札所めぐり案内

御朱印を求めて歩く 巡礼ガイド

江戸・東京札所めぐり編集室 著

メイツ出版

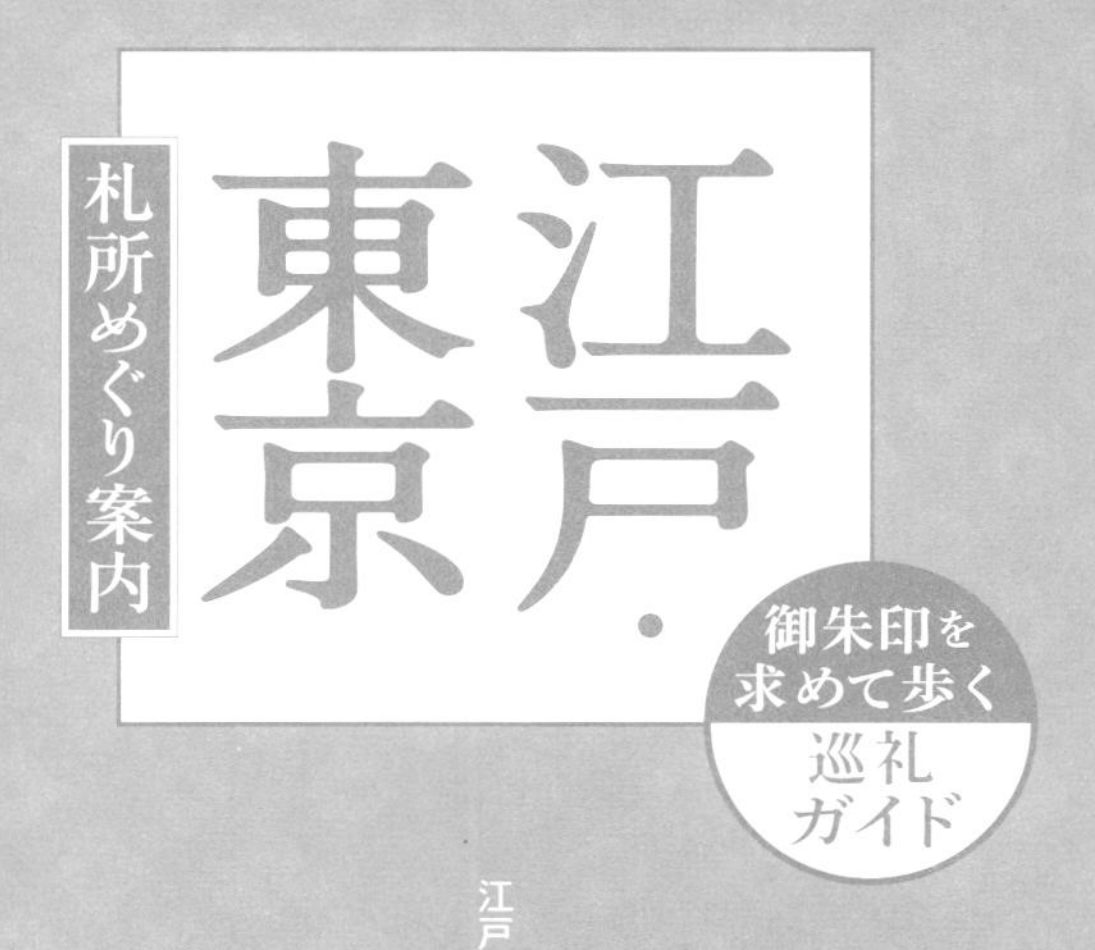

江戸・東京札所めぐり編集室 著

Mates-Publishing